ISBN 978-0-656-76130-2
PIBN 10627424

This book is a reproduction of an important historical work. Forgotten Books uses state-of-the-art technology to digitally reconstruct the work, preserving the original format whilst repairing imperfections present in the aged copy. In rare cases, an imperfection in the original, such as a blemish or missing page, may be replicated in our edition. We do, however, repair the vast majority of imperfections successfully; any imperfections that remain are intentionally left to preserve the state of such historical works.

Curiosa.

Beiträge zur Geschichte der Toleranz.

(Schluß.)

So lange es in einem Hause keine widerspänstigen Kinder giebt, so hat der Vater nicht nöthig durch die Finger zu schauen, und unter einverständigen Geschwistern wird es nie heißen: man muß dem unruhigen Jungen auf die Finger klopfen, oder: man muß um des lieben Friedens willen, dem Unverstande zugeben. So hatte es Jahrhunderte hindurch in der religiösen Welt ausgesehen, ehe Luther die staubige Bibel unter der Bank erblickt hatte. Toleranz und Intoleranz war nicht in den Wörterbüchern jener Zeiten zu finden, massen damals alles (wie Christus es wollte) im Glauben einig war, und es kein Lutherthum, keinen Calvinismus, keine Flacher und Sacramentirer, kein Knipperdolling'sches König- und Himmelreich, keine mährischen Brüder, noch frauenfeldische Schwestern, keinen Schmalkaldischen Bund, keine Hugenotten-Union, keine evangelische Bauern-Bundschuhe, keine fürstlichen und städtischen Confessionen, Concordienformeln, Normaljahre, Confiscationen und wie die tausend evangelischen Fortschritte und Accidenzien noch heißen, zu toleriren gab. Allein dem Lahmen gehört eine Krücke, in ein Spital gehört Geduld, und die Reformation mußte eine Toleranz für sich haben. Deßwegen brachte der Evangelist auf Wartburg, Reformation und Toleranz miteinander zur Welt. Beide, wie sichs versteht, waren homogen und paßten so trefflich aufeinander, daß man mit Abraham a St. Clara sagen konnte: „Wie der Vogel, so das Ei; wie der Koch, also der Brei; wie die Musik, also der Tanz; wie die

(7)

Reform, so die Toleranz.² — Diese neue Toleranz ging allenfalls in folgender Gestaltung aus Luthers Gehirn hervor: „Was ich will, das ist so und muß also bleiben, weil ich es will. Was ich sage, muß vorn herein als die reine himmlische Wahrheit angesehen werden, massen alles was dawider gesagt wird, erlogen ist. Wenn ich spreche: das ist schwarz, so müßt ihr sein nachbeten: das ist schwarz, und solltet ihr Schnee vor den Augen haben. Wer nicht glauben und bekennen will was Doctor Luther lehret, der ist à priori ein Narr, ein Esel, eine Grundsuppe der Hölle, eine eingeteufelte, überteufelte und auch noch durchteufelte Bestie. Wer mich, das Rüstzeug Gottes, im Geringsten hindern sollte, das Pabstthum zu lästern, zu verfluchen und zu Grunde zu richten, der ist (sey er Pabst, König oder Kaiser) nichts anders als ein Pantherthier, ein Bär, ein Wolf, auf den man aus allen Dörfern mit Spieß und Stangen Sturm laufen soll. Wenn es mir und den Meinigen gefällt die Papisten, Betrüger, Götzendiener, Antichristen, babylonische oder ninivitische H...n zu nennen, so sollen sie fest glauben, daß sie es seyen, und es geduldig gleich einem Lobspruche aufnehmen. Wenn uns die Lust anwandelt, das Mönchswesen zu verspotten, die Klöster zu plündern, die Messe zu verbieten, und den Römlingen ihre Kirchen und Bildnisse zu zerschlagen und zu verunsäubern, so ist es ihre Pflicht, das sein zu toleriren. Regen sie sich dagegen, wollen sie sich vertheidigen, oder erkühnen sie sich gar zu sagen, daß wir Unrecht hätten, so sind und bleiben sie hartnäckige Obscuranten, jesuitische Löschhornreiter, intolerante Fanatiker ꝛc.² Das ist summa summarum die Quintessenz der kostbaren Toleranz, die Luther zur Welt geboren hat; er hätte wahrhaft ein Erfindungsbrevet verdient, denn das Ding war zuvor in der Welt gar nicht bekannt. Und so praktisch war sie genaturt diese Toleranz, daß Luthers Schüler und Nachfolger dieselbe sogleich und ohne die geringste Mühe in Anwendung gesetzt haben.

Den ersten und feierlichsten Act dieser Toleranz hat bekanntermaßen Calvin der erneuerten Menschheit zum erbauenden Beispiele zu Genf aufgeführt, allwo er den Spanier Servet, der sich

erkühnt hatte, einer andern Meinung als Doctor Calvinus zu
seyn, cum omnibus solemnitatibus carnificiis der heil. Trinität
zu Ehren braten ließ; und an diesem Genfischen Auto-da-fe
wollte er auch die Herren Ketzer Ochino, Blandrat und Gentilis
Theil nehmen lassen, hätten diese italienischen Füchse nicht zu früh
obbenannten spanischen Braten gerochen, und diesen Schauplatz der
evangelischen Toleranz eiligst geräumt. — Was!... Ketzer ver-
brennen, ist das Toleranz? werden die Papisten schreien. Allein
was hat man auf das Geschrei von Leuten zu achten, welche die
Geschichte nicht kennen. Sie wissen nämlich nicht, daß Melanchthon, Bullinger und die ganze sacramentarische Clerisei diese theo-
logische Execution für billig und mit ihrer Toleranz übereinstim-
mend befunden haben, und daß aus der damaligen evangelischen
Welt gegen dieses Auto-da-fe, Niemand reclamirt habe, als
etwa der duldsame Butzer, der nämlich den spanischen Ketzer nicht
gebraten, sondern nur ein wenig geviertheilt haben wollte. Bringen dann die Papisten weiters vor, daß evangelische Prediger und
Volk an vielen Orten in Sachsen, Preußen, Schwaben und
Elsaß sich mit Gewalt Platz verschafft, und die Katholiken aus
ihren Klöstern, Kirchen und Wohnungen durch Confiscationen,
zuweilen auch mit Steinen, Koth und Schneeballen hinausgejagt
haben, so antwortet man ihnen: Warum auch haben eure Vor-
eltern so hartnäckig ihre Stiftungen und Eigenthum vertheidigen
wollen wie Naboth seinen Weingarten? Warum ließen sie nicht
ohne weitern Prozeß alles liegen und stehen? Warum waren eure
Bischöfe und Priester so ungelehrig, und weigerten sich die In-
fallibilität Luthers, Calvins und der Landesfürsten anzuerkennen?...
Diese Thoren wollten noch immer Messe lesen und der wittem-
bergische Evangelist und seine Schüler hatten doch versichert, daß
die Messe ein Götzendienst sey?.. Sie behaupteten immerfort das
Cölibatsgelübde sei nicht gegen das Evangelium und könne nicht
gebrochen werden; und doch hatten die Reformatoren nicht nur gesagt,
daß man dem Papst und dem Teufel zum Trutz ein Eheweib
nehmen müsse, sondern hatten ihnen schon handgreiflich durch Hoch-
zeiten und Kindtaufen bewiesen, daß man dem Cölibatsgelübde

zum Trutz Weib und Kinder haben könne. Kein Wunder also, wenn man diese widerspänstigen Papstdiener nicht dulden wollte und sie verächtlich machte. Kein Wunder, daß die Kinder der Reformation in jenen Dörfern und Städten, wo es sich mit Fug thun ließ, keine katholische Seele neben sich litten, sie alle verjagten, oder ihnen so tolerant begegneten, daß sie von selbst Reißaus nahmen. Uebrigens verfuhr man also aus zarter Gewissenhaftigkeit; sie konnten ohne Scrupel die Aergernisse des Papstthums nicht mehr ansehen. Ja, Butzer, Fagius und andere Gottesmänner bezeugten und predigten öffentlich, daß es ihrem Gewissen unmöglich sey, länger neben dem Papstthume zu leben, und einige ihrer Schüler glaubten ihre Atmosphäre verunreinigt, wenn auf eine Meile in der Runde die Messe zwischen vier Mauern gelesen wurde. Auch säumten sie nicht es zu hindern, sobald sie die Abgötterei rochen.

Laßt uns aber gen Großbritannien blicken, dort ist ja seit dreihundert Jahren der classische Boden der evangelischen Toleranz. Dort hat sich diese Toleranz von Heinrich dem Achten an, bis unsere Zeit indefectibel und in ihrem schönsten Flor erhalten, einige Kleinigkeiten und Mißverständnisse nicht einzurechnen, welche die Papisten vorgeben und die man vermuthlich auch nicht läugnen kann. Man redet nämlich von einigen tausenden Schlachtschwertern, Scheiterhaufen, Henkersbeilen und Galgen, vermittelst welcher die hocherleuchteten Stifter der englischen Staatskirche, den Katholiken das neue Evangelium und die Gewissensfreiheit begreiflich zu machen sich bestrebten. Man hat noch die Namen vieler tausend Papisten aufbewahrt, die kraft der königlichen Bullen expropriirt, erdroßelt, geviertheilt, ausgeweidet worden sind. Man erzählt, daß unter Cromwell sogar den Jagdhunden der Proselytismus, und gleichsam ein evangelischer Instinkt katholisches Fleisch zu erspähen, eingeflößt wurde, so daß diese reformsüchtigen Windspiele die Papisten wie das Wild auftrieben, und sie unter den Schuß der puritanischen Jäger brachten. Es will den Römlingen auch nicht gefallen, daß man den katholischen Irländern bis jetzt noch den Meister zeigt; sie sagen, es sei nicht englisch sondern teuflisch, daß man ihnen auf ottomanische Weise den Nacken gebeugt hält, und sie mit Kavallerie und Bleikugeln zu überzeugen sucht, daß sie eine Religion und Clerisei besolden sollen, mit der sie nichts zu schaffen haben wollen 2c.

Doch wie wir schon bemerkt haben, das sind Kleinigkeiten und Mißverständnisse, die der reformirten Toleranz nichts an ihrem Werthe benehmen, um so mehr da es jederzeit strenge Gewissenspflicht für die Häupter der anglikanischen Staatskirche war, mit ihren katholischen Unterthanen auf diese Weise zu verfahren. Wer es nicht glauben will, dem sey hiemit gesagt, daß eine große Anzahl irländischer und englischer Staatsbischöfe conciliariter entschieden haben: „daß es für Könige die unverzeihlichste Sünde (ja vielleicht die achte Hauptsünde) sey, die Katholiken frei ihrer Ueberzeugung leben zu lassen", und nur unter dem feierlichen Versprechen diesen Greuel nie zu begehen, konnte Carl I. von dem Gottesmanne Usserius die Absolution über seine Sünden erhalten. Uebrigens hat Hans Knox mit der Bibel in der Hand, so klar als zwei mal zwei vier ist, bewiesen, daß die Katholiken nichts mehr seyen, als faule, dürre Hysopenstengel, die zu nichts besser zu brauchen als zur Einheitzung des höllischen Kaminfeuers. Nun aber ist diese schottische Glaubenstradition so wohlbehalten bis auf unsere Zeiten fortgepflanzt worden, daß erst vor Kurzem in einer hocherleuchteten Versammlung der schottländischen Kirchenmänner in Edinburg, der Wohlehrwürdige Pastor Cuningham dieselbe wieder auf's neue bestätigte und am Ende einer merkwürdigen Rede in evangelischer Begeisterung ausrief: „Meine Brüder, die Lehren des Papismus sind sammt und sonders eine Erfindung des Teufels und seiner Großmutter, und die unversiegbare Quelle aller Uebel, die über ein Volk kommen können. Auch werden wir nie aufhören euch zuzurufen: Man muß dem römischen Wesen den Garaus machen; auch wir werden nicht schweigen, nicht den Kopf ruhig legen, bis die letzten Ueberreste dieser fatalen Kirche von dem Boden Großbritanniens ausgetilgt seyn werden." — Diese edlen Gesinnungen sind, wie billig mit einem donnerndem Applaus von der ganzen königlichkirchlichen Synode aufgenommen worden. Nicht geringern Ruhm erwarb sich in der nämlichen Versammlung Mortimer O'Sullivan, ein anderer schottischer Kirchendiener. Dieser bewies siegreich, daß die Katholiken Irlands die constituirte Staatskirche nicht der Intolleranz zu beschuldigen haben, deswegen, daß man sie schon so lang als Negersclaven, Tanzbäre oder Paviane angesehen und behandelt hat. „Denn, spricht der hocherleuchtete Mann, an allem Unheil, welches je über Irland gekommen oder das zur Stunde noch auf demselben lastet, ist Niemand anders Schuld als der leidige Papismus!...„ Sehet da, den Schlüssel zum ganzen Geheimniß!... Nämlich; wäret ihr Irländer nicht katholisch, so würde man euch wie andere Menschen auch frei athmen lassen. Wäre der Papismus nie über Irland gekommen, so würde allen geologischen Muthmaßungen zufolge, dieses Ländchen nie vom festen Lande getrennt worden seyn; hätte es nie einen Papst gegeben, so wäre Irland vermuthlich fruchtbarer, oder wenigstens nicht mit so vielen Nebeln verhüllt, nicht von so rauhen Küsten umgeben. Wäre Irland nie unter dem Papste gestanden, so wären in demselben nie Klöster gewesen; wo aber keine Klöster und Abteien, auch keine geistlichen Stiftungen; wo keine Stiftungen, kein kirchliches Grundeigenthum; wo kein Grundeigenthum, keine so große Zehnten: ihr seht also wer Schuld daran ist, wenn die katholischen Irländer erdrückende Zehnten zahlen müssen, der Papismus! wie Mortimer O'Sullivan es bewiesen hat. — Viele andere Menschen und manche Länder sprechen immer noch viel von Toleranz, weil sie dieselbe für sich brauchen.

Kirchliche Nachrichten.

Irland. Zu Rosslea ist im vorigen Jahre eine neue katholische Kirche gebaut worden, wozu selbst Protestanten beigetragen. Dr. Kernan, Bischof von Clogher und Dr. Browne, Bischof von Kilmore, haben dieselbe im Spätherbste consecrirt, und der berühmte irländische Redner Thomas Maguire, hat bei dieser Feierlichkeit die Predigt gehalten.

— Der Bericht der Commission, welche zur Berathung
eines Armengesetzes für Irland niedergesetzt war, betrifft unter
Anderm auch das dortige furchtbare Elend armer Wittwen mit
Kindern. Ein Geistlicher zu Templetrine in der Grafschaft Cork
sagte aus: „Auf dem Hofe lagen Kohlstengel, welche aus der
Küche weggeworfen worden waren. Die Schweine und das
Federvieh hatten daran genagt, und sie schon fast ganz abgefressen.
Aber ich sah 6 oder 7 arme Frauen, welche sich mit dem Ge=
sicht gegen die Mauer wendeten, und die Kohlstrünke aßen, welche
die Schweine übrig gelassen hatten." In dem Kirchspiele Lis=
carrol in der Grafschaft Cork wurde ein kleines Cholera=Hospital
angelegt, und einige Kranke darin aufgenommen. Drei oder vier
Wittwen, durch Kälte und Hunger zur Verzweiflung getrieben,
gaben sich für erkrankt aus, um in dieses Hospital, in welchem
jene todtbringende Krankheit herrschte, aufgenommen zu werden,
und mußten, als nach einem Aufenthalte von drei bis vier Wo=
chen der Betrug entdeckt war, mit Gewalt hinausgetrieben wer=
den. Eine Wittwe erklärte: „Ich habe fünf Kinder, das älteste
ist 7 Jahre alt. Ich schlafe auf der Erde, welche fast immer
feucht ist, und habe oft kaum Stroh um darauf zu liegen. Ich
habe nur eine einzige Decke, um meine ganze Familie zuzudecken,
und die habe ich schon 8 Jahre. Meine Kinder sind fast ganz
nakt. Ein Herr zahlte die Grafschaftsteuer für mich, als man
meine Decke mir dafür abnehmen wollte. Meine Kartoffelernte
war dieses Jahr schlecht. Ich bin in meiner Hütte geblieben, so
lange ich konnte, aber für den Winter habe ich nun keine andere
Aussicht, als mit meinen Kindern in die Welt zu gehen; und die
sind noch so jung, daß ich drei derselben tragen muß." Es geht
aus dem Berichte ferner hervor, daß manche Arme buchstäblich aus
völligem Mangel an Nahrung gestorben sind, der Fälle, wo der
Tod allmählig durch Mangel der nothwendigsten Lebensbedürfnisse
herbeigeführt wurde, nicht zu gedenken. (Globe.)

———

England. Ehe Hr. O'Connell Birmingham verließ, erhielt
er die Einladung zu einem Frühstück, wobei eine Collecte zu Gun=

sten der aus freiwilligen Beiträgen erhaltenen St. Petri-Schulen veranstaltet wurde. Der Vorsitzende nahm das Wort, wie folgt: „Erlauben Sie mir, meine Herren! Ihnen die Gesundheit eines hochgestellten Mannes (personage) vorzuschlagen, mit dem wir weder durch die Bande der Hochachtung und Liebe, noch durch die des Gehorsams verbunden sind. Ich meine den Papst. (Zeichen des Erstaunens.) Ich bemerke Ihnen, daß wir hier versammelt sind, um die zum Unterricht der römisch-katholischen Kinder bestimmten Schulen zu unterstützen, und daß diese Schulen unter den Schutz St. Peters gestellt sind. Hiernach scheint mir der in Frage stehende Toast ganz schicklich, und wir können ihn ausbringen, ohne unsere Pflichten als gute Protestanten zu verletzen. Also die Gesundheit Sr. Heiligkeit des Papstes! „Diese Erklärungen wurden mit Beifall aufgenommen und der in Alt-England seit länger als zwei Jahrhunderten unerhörte Toast getrunken. Hr. O'Connell erhob sich hierauf, um die Fortschritte der sittlichen und materiellen Verbesserung Irlands auseinanderzusetzen.

— „Eine bemerkenswerthe Ausnahme in der bigotten Hochkirche macht der Bischof von Norwich, welcher mit einer Katholikin verheirathet ist, und ihren Beichtvater in seinem Hause wohnen läßt.' Wenn dieses in Zeitungen angerühmte Factum wahr ist, so ist dieses auf der einen Seite allerdings ein Zeichen von einer bisher in der Hochkirche nicht üblichen Duldung der religiösen Ueberzeugung und Gewissensfreiheit Anderer; auf der andern Seite aber muß es auch als Beweis eines stets unheilvollern Indifferentismus angesehen werden. Eine solche Kirche ist dem Untergange näher als Manche meinen mögen.

———

Rußland. Charakteristisch ist für das Schisma der Russen nur demjenigen die Erscheinung, daß der Protestantismus dort alle Förderung findet, in dem Maße als die katholische Kirche verdrängt wird, welcher nicht weiß, daß das Schisma sich, wenn es nicht als solches sich aufhebt, in die Häresie nothwendig überschlägt. In diesem Sinne wird auch zu würdigen seyn, wenn das Rigaer Provincialblatt sagt: „Es haben in frühern Zeiten die Jesuiten von Dünaburg aus die ganze Umgegend, und auch auf der kurländischen Seite den ganzen Illurtschen Kreis zum Katholicismus bekehrt. Jetzt ist in ihrem ehemaligen Kloster zu Dünaburg der erste lutherische Prediger eingeführt worden.'

Polen. Vor einiger Zeit hat das *Univers*, ein pariser Tageblatt, zwei Actenstücke bekannt gemacht, welche ihm von polnischen Flüchtlingen zugesandt worden. Der Oberhirt, an den der General Golowin sein Schreiben richtet, ist Hr. Joh. Marcellus Gutkowski, geboren in der Diöcese Plosk am 27. Mai 1766, und am 3. Juli 1826 zum Bischof von Podlachien geweiht. Er residirt zu Janow und hat einen Weihbischof, Franz Lekinski, Bischof von Eleutheropolis in part.

Der General Golowin, General-Director der Commission des öffentlichen Unterrichts und des Cultus, an den hochwürdigsten Gutkowski, Bischof von Podlachien.

Hochwürdigster Herr Bischof!

Ich vernehme bei meiner Rückkehr von Warschau, daß Sie, bei Gelegenheit des von der Commission vorgeschriebenen und vom 30. Januar datirten Reglements, welches den römisch-katholischen Kirchenbehörden alle religiösen Ceremonien zu Gunsten der Personen, die den griechisch-russischen Gottesdienst befolgen, verbietet, indem dieser Cultus seine eigenen Geistlichen habe, in der Diöcese Podlachien unterm 14. März ein Pastoral-Schreiben haben ergehen lassen, dessen Abschrift hier beiliegt. Dieser Hirten-Brief enthält zwar Empfehlungen des Gehorsams gegen die weltliche Obrigkeit; aber dabei auch unpassende Ausdrücke gegen dieselbe Obrigkeit, und ist der Ehrerbietigkeit, die dem im Reiche herrschenden Gottesdienste gebührt, ganz zuwider. Ueberdieß haben Sie, ohne Zusammenhang mit dem eben berührten Gegenstande, Ihr früheres gegen den ausdrücklichen Befehl der Regierung gegebenes Verbot erneuert, die zwischen Personen von verschiedener Religion eingegangenen Ehen einzusegnen.

Ich kann Ihnen nicht verhehlen, hochwürdigster Herr Bischof, daß diese Nachricht ein schmerzliches Gefühl in mir erregt,

und gebe mir die Ehre, Sie zu bitten, mir sobald möglich zu wissen zu thun, ob denn ein solches Schreiben wirklich von Ihnen erlassen worden, ob es in der Diöcese Podlachien circulirt habe, und aus welcher Absicht in demselben folgende Stelle aus dem heil. Chrysostomus angeführt werde: «Wenn ihr sagen höret: gebet dem Kaiser, was des Kaisers ist; so wendet diesen Grundsatz nur an auf das, was weder der Frömmigkeit noch der Religion zuwider ist; denn alles, was dem Glauben und der Tugend widerstrebt, soll nicht als Tribut des Kaisers, sondern als Tribut des Satans angesehen werden.»

Es ist meine Pflicht, hochwürdigster Hr. Bischof, daß, wenn Dinge dieser Art stattgehabt haben sollten, die Regierung sie ansehen würde als unzweideutige Beweise, eines ihren Verfügungen feindlichen Betragens, während sie doch der Hoffnung lebte, die öffentliche Wohlfahrt, so wie reife Ueberlegung würden Sie bewogen haben, alle möglichen Versöhnungs-Mittel anzuwenden, um die bisher bestandenen Mißverhältnisse für immer zu heben. In einer so traurigen Lage würde die Regierung gegen ihren Willen sich genöthigt sehen, strengere Maßregeln zu ergreifen, um für die Zukunft die Veröffentlichung solcher Hirtenbriefe in der Diöcese Podlachien zu verhindern. Ich hoffe, Sie werden meine deßfallsigen Befürchtungen zerstreuen, und habe die Ehre zu seyn, hochwürdigster Herr Bischof, mit Ehrfurcht ihr gehorsamster

Warschau, den 10. Juni 18**.   unterzeichnet:
                                              Golowin.

Der Bischof von Podlachien an General Golowin.
        Herr General und Director!

Ich gebe mir die Ehre, Ihre beiden Zuschriften vom 15. März und 10. Juni dieses Jahres zu beantworten. Sie werden mir erlauben, daß ich den Anfang mache mit dem Ausdrucke meiner größten Verwunderung, daß bis auf den heutigen Tag in der Regierungs-Commission nicht ein einziger Beamter sich gefunden, der, sowohl meine Antwort in Betreff des Buches: «Eintracht und Zwietracht,» als mein Gesuch um Amtsentsetzung des Priesters Nawoki, wie auch mein Verbot, die

Ehen zwischen Personen verschiedener Culte einzusegnen, und eine
Menge anderer Dinge, die der Commission seit etwa fünf Jahren
geschickt worden, mit Aufmerksamkeit und Sachkenntniß zu prüfen im Stande gewesen wäre. Mich wundert, sage ich, daß
Niemand sich gefunden, der, Ihnen Herr General, hätte Aufschluß geben können über den Inhalt dieser Actenstücke, wie
auch über die Citate und die Darstellungen der kirchlichen Privilegien und Gesetze, die in denselben namhaft gemacht werden.
Ohne diese genaue Kenntnißnahme dessen, was vorgegangen ist,
sehe ich nicht, welche Ursache Sie haben können mir zu schreiben,
Herr General, und auf eine so empfindliche Weise Antwort von
mir zu begehren.

In Betreff der eben berührten Gegenstände, habe ich keine
andere Antwort zu geben, als der Regierung (mit Berufung auf
das in meinen Schriften eben Angeführte) omtlich zu erklären,
daß Fragen dieser Art nicht in den Bereich der weltlichen Obrigkeit gehören, daß die deßfallsige Verhaltungsweise eines römisch-
katholischen Bischofs der gedachten Obrigkeit in nichts unterliege;
daß folglich nicht der Bischof sich empöre, wohl aber die Regierung, welche den Privilegien, den Verfügungen und der Unab-
hängigkeit der Kirche, die allein von dem Erlöser der Welt das
Vorrecht erhalten auf der Erde unabhängig zu seyn, offenbar zu-
widerhandle. Die Regierung wird vergebens vorwenden: ihre
Verordnungen seyen in anderen Bisthümern des Kaiserreiches be-
folgt; denn wären die Hirten dieser Bisthümer eben so zahlreich
wie jene des alten und getreuen Polens, so bliebe dieß immerhin
nur ein Fluß neben einem endlosen Meere, im Vergleich mit der
allgemeinen römischen Kirche, deren Satzungen ich das Glück
habe, getreu unterworfen zu seyn.

Der Hirtenbrief vom 14. März, worüber Sie, Herr General, in Ihrer Depesche vom 22. Juni Klage führen, ist in
lateinischer Sprache erschienen. Was Sie mir also zuschicken, ist
keine Abschrift davon, sondern eine Uebersetzung. Erlauben Sie
mir, Herr General, daß ich jene Stelle bestreite, durch welche
Sie zu verstehen geben, als hätte ich in mein Pastoral-Schrei-

ben Citate und Insinuationen einfließen laffen, die der weltlichen
Obrigkeit und dem griechisch = ruffischen Cultus entgegen wären.
Ich habe weiter nichts als die durch Gottes und der Kirche Ge=
setze vorgeschriebenen Gränzlinien, welche die Obrigkeit nicht
überschreiten darf, bezeichnet. „Mische dich nicht, o Kaiser,
sprachen die Bischöfe zu dem Kaiser Constantin, wie der heil.
Athanasius berichtet, mische dich nicht in Kirchen=Angelegenheiten,
und gieb uns in dieser Beziehung keine Befehle, sondern lerne
von uns, was du hierin zu thun hast. Dir hat Gott das Reich,
uns aber hat er seine Kirche anvertraut. Wer sich gegen deine
Macht empört, empört sich gegen Gott. So auch hüte dich, in
geistliche Dinge dich zu mischen, damit du nicht in eine schwere
Sünde falleft. Es stehet geschrieben: Gebet dem Kaiser
was des Kaisers und Gott was Gottes ist.“
Was den griechisch=ruffischen Gottesdienst betrifft, so neh=
men Sie nicht ungütig auf, Herr General, wenn ich Ihnen er=
kläre, daß ich nirgends, nicht einmal in der Uebersetzung, die Sie
mir zuschicken, ein einziges Wort finde, das Ihre Klage könnte
rechtfertigen. Die aus dem heil. Chrysostomus angeführte Stelle
hat keinen andern Zweck als den des Papstes Gregorius XVI.,
der gegenwärtig unfre Kirche regiert, da er den 9. Juni 1832
an die polnischen Bischöfe ein Rundschreiben ergehen laffen, wel=
ches auf Befehl der Regierung in die öffentlichen Blätter jener
Zeit aufgenommen worden. In demselben werden folgende Worte
gelesen: „Es ist nicht erlaubt, der Obrigkeit ungehorsam zu seyn,
es sey denn, sie befehle etwas, das dem Gebote Gottes oder der
Kirche zuwider wäre.“ Also gehorsamen in diesem Falle, hieße
nicht der Obrigkeit huldigen, sondern dem Satan Tribut abstat=
ten. Ich wiederhole endlich, daß, wenn man Ihnen von allen
Erlaffen, in welchen ich diese verschiedenen Fragen nach einander
entwickelt habe und die der Regierungs=Commiffion sind zuge=
schickt worden, Bericht erstattet hätte; so würden Sie, Herr
General, die Ueberzeugung gewonnen haben, daß mein bischöfliches
Betragen, sowohl das frühere als das wirkliche, nicht im gering=
sten jene Ungnade verdiente, die mich dermalen trifft und womit

ich noch ferner bedroht bin. Da indessen alle Widerwärtigkeiten, die mir von Seiten der Regierung zustoßen mögen, von mir schon längst vorhergesehen worden, so können mich dieselben in keiner Weise schrecken; vielmehr hoffe ich aller Arten Verfolgung mit Ergebung in den Willen Gottes zu erdulden, eher als den Pflichten, die mir als Hirten auferlegt sind, treulos zu werden, und von dem Wege abzuweichen, den mir meine Religion und mein Gewissen vorschreibt. Ich habe die Ehre zu seyn, Herr General, mit der größten Hochachtung, bereit Ihnen zu dienen,

Den 28. Juni 1835.   **Gutkowski,**
                              Bischof von Podlachien.

Spanien. Die frevelhafteste Gewaltthätigkeit verübt in diesem unglücklichen Lande durch einen gefühllosen, jüdischen Glücksritter, welcher zur höchsten Gewalt durch die Börsespeculation erhoben worden, ungescheut die schreiendsten Ungerechtigkeiten. Madrid hat am 18. Januar hievon ein eclatantes Beispiel erlebt. Um Mitternacht sind kraft eines Regierungsbeschlusses die vornehmsten Klöster der Hauptstadt geschlossen worden. Haufen von Nationalgarden standen an den Eingängen, und nach einiger Zeit wurden die friedlichen Bewohner in der Kleidung der Weltgeistlichen aus ihren Zufluchtsstätten herausgerissen, und einem unsichern Schicksale preisgegeben. Dieses Loos traf 37 Mönchsklöster in der Hauptstadt und auch den Nonnenklöstern wird unter bitterm Hohne von den liberalen Blättern eine gleiche Behandlung angedrohet. Als des Morgens die Christen aus der Stadt nach gewohnter Weise die Klosterkirchen besuchen wollten, um der Andacht ihre ersten Augenblicke zu weihen, fanden sie dieselben verschlossen, und mußten bald sehen, wie eben diese Kirchen entheiligt, die Altäre herausgerissen, die Heiligthümer verunehrt und so das Theuerste frevelhaft vor ihren Augen zerstört wurde. Die Gottesschänder finden natürlich für Sold einen Haufen versunkenen Pöbels, der ihnen in Allem zu Dienste ist, bis die große Stunde der Vergeltung kömmt, wo dem großen Weltenrichter keine Ungerechtigkeit entgehen wird. — Es ist aber zweckdienlich,

diese Maßregeln der Freiheit, der Industrie und der Volksbe=
glückung aufzuzeichnen, um dereinst auf ihre Folgen hinzuweisen.

Portugal. In achtzehn der vornehmsten Abteien Portu=
gals wurden 349,806 gedruckte Bücher und mehrere tausend sel=
tene Manuscripte gefunden.

— Der jetzige Finanzminister, Campos, ein Jude soll beab=
sichtigen, die unter dem Könige Johann III. aus Portugal ver=
triebenen Juden, in Gibraltar, Marokko und andern Orten zu=
rückzurufen, und ihnen die Erbauung von Synagogen und über=
haupt die öffentliche Ausübung ihres Cultus zu gestatten. Durch
diese Maßregel will er der Industrie und dem Geldbedürfnisse
abhelfen. — Wenn es keine höhere Interessen mehr giebt als
Geld und wieder Geld, dann werden die Juden allein oder doch
vor Allem, selbst vor der Erhaltung einer christlichen Nation, um
die es sich früher vorzüglich handelte, alle Berücksichtigung ver=
dienen. Die Stifter der so verrufenen Inquisition hatten andere
und höhere Interessen im Auge.

Rom. *Decretum.* Apostolicis litteris datis die **26.**
Septembris anno superiori a SANCTISSIMO D. N.
GREGORIO divina providentia PP. XVI. præter primam et secundam partem *Introductionis in Theologiam
Christiano-Catholicam* a Georgeo Hermes conscriptæ,
aliud ipsius Hermesii opus, cui titulus „*Dogmatica Christiano-Catholica*" damnatum fuit. Universum hoc opus
Dogmaticae Christiano-Chatholicae, quod ad eam usque
diem per Doctorem J. H. Achterfeldt post Hermesii
obitum pervulgatum fuerat, examinandum diligentissime,
adscitis etiam Theologis Germanicæ: linguæ peritissimis,
apprime curaverat eadem SANCTITAS SUA, antequam
in Congregatione Eminentissimorum S. R. E. Cardina-
lium in tota Republica Christiana Generalium Inquisi-
torum coram Se habita damnandum illud decerneret,
prout memoratis Apostolicis litteris Ecclesiæ universæ

denunciatum est. Cum vero in exscribendo titulo illius operis *Dogmaticae Christiano-Catholicae* una cum Prima parte recensitæ non fuerint Secunda et Tertia, eodem titulo, iisdem typis, et eodem anno editæ, licet et ipsæ in examen deductæ fuissent, uti facto constat ex doctrinarum in iisdem traditarum mentione, quæ in Apostolicis litteris facta perlegitur : idcirco idem SANCTISSIMUS DOMINUS NOSTER ad dubium quodlibet præcidendum de damnatione integri operis eo tempore editi, atque ea, qua par est, judicii maturitate rite expensi, mandavit, hoc decreto speciatim declarari, edici, et denunciari, memoratis Apostolicis litteris diei **26.** Septembris anno **1835** damnatum, ac reprobatum fuisse, atque in Indicem librorum prohibitorum esse referendum integrum opus, cujus titulus Germanice *Christkatholische Dogmatik, von Georg Hermes, Doctor der Theologie und Philosophie, Professor der Theologie an der Rheinischen Friedrich-Wilhelms-Universität Bonn, und Domcapitular der Metropolitankirche zu Cöln, nach dessen Tode herausgegeben von Dr. J. H. Achterfeldt: ordentl. Professor der Theologie an der Universität, und Inspector des Katholisch-Theologischen Convictoriums zu Bonn. Erster Theil. Münster, in der Coppenrathschen Buch - und Kunsthandlung. 1834.*

Item iisdem titulo, typis, et anno „*Zweiter Theil.*"

Item iisdem titulo, typis, et anno „*Dritter Theil. Erste Abtheilung.*"

Latine autem: *Dogmatica Christiano-Catholica auctore Georgeo Hermes, Theologiae et Philosophiae Doctore in Rhenana Friderico-Wilhelmina Academia Bonnensi Theologiae Professore, et Capitulari Ecclesiae Metropolitanae Coloniensis, post ejus mortem edita a Doct. J. H. Achterfeld in Academia Theologiae Professore Ordinario, ac Catholici Convictorii Theologici Bonnensis Inspectore. Pars prima. Monasterii ex Biblio atque Inconopolio Coppenrath. 1834.*

Item iisdem titulo, typis, et anno „*Pars secunda.*"

Item iisdem titulo, typis, et anno „*Pars tertia, Sectio prima.*

Hoc porro decretum idem SANCTISSIMUS DOMINUS NOSTER in acta Sacræ Congregationis Indicis referri, et typis edi, ac ut moris est promulgari jussit. Romæ die septima Januarii MDCCCXXXVI.

J. CARD. JUSTINIANIUS PRÆFECTUS.

Fr. Thomas Antoninus Degola Ord. Præd. Sacr. Congr. Indicis Secretarius.

Loco † Sigilli

Die 14 Januarii 1836 supradictum Decretum affixum et publicatum fuit ad S. Mariae super Minervam, ad Basilicae Principis Apostolorum, Palatii S. Officii, Curiae Innocentianae valvas, et in aliis locis solitis Urbis per me Aloysium Pitorri Apost. Curs.

Joseph Cherubini Mag. Curs.

Frankreich. In dem diefes Jahr der Kammer vorgelegten Budget beträgt das des Cultus 134,000 Fr. mehr als im Jahr 1835. Von diefem Mehrbetrag find 100,000 Fr. für Penfionirung bejahrter Pfarrer beftimmt, deren Lebensunterhalt bisher von dem ohnehin geringen Gehalte ihrer Seelsorgspoften ermittelt werden mußte; die übrigen 34,000 Fr. find für den proteftantifchen Cultus beftimmt.

Holland. Im Jannar l. J. ift der ehemalige Prediger Scholte mit mehreren Einwohnern von Loosdracht von dem Gerichtshofe zu Utrecht, erfterer zu 25 fl, leßtere zu 8 fl Strafe verurtheilt worden, weil fie, nach ihrer Trennung von der reformirten Kirche befondere Zufammenkünfte gehalten haben. Es ift keine härtere Strafe gegen fie erkannt worden, weil fie bei ihren Zufammenkünften fich weder Unfittlichkeiten noch andere Unregelmäßigkeiten haben zu Schulden kommen laffen. — Welche proteftantifche Gewiffensfreiheit, wenn die Leute nur frei find, mentes derselben, des Vertrauens: das Vertrauen auf den Beistand Gottes zur Erlangung der Seligkeit wurde zu einem Act des Glaubens gemacht, und gefordert: wir sollten uns mit der Gewißheit des Glaubens von unserer persönlichen Auserwählung überzeugt halten, und diese unerschütterliche Ueberzeugung sey die Bedingung unserer Seligkeit. Zur Gründung dieser ganz verkehrten Meinung wurde die willkührliche Interpretation einiger Schriftstellen angewendet, und das mehrsinnige Wort fides, welches die Schrift öfters statt fiducia braucht, unbedenklich in der Bedeutung des Glaubens verstanden, und der actus fiduciæ in einen actus fidei verwandelt; da doch fides nicht blos Glaube, sondern auch Treue, Redlichkeit u. s. w. bedeutet. (Siehe die folg. Anmerk.) Den Irrthum dieser Behauptung einzusehn, ist nothwendig zu bemerken; daß der Glaube ein Act des Erkenntnißvermögens, das Vertrauen aber ein Act des Willens ist; der Gegenstand des Glaubens ist das Wahre, der Gegenstand der Hoffnung ist das Gute, daher kommt es, daß der Glaube, als ein Dafürhalten, sowohl über Gutes als Böses, sowohl über Vergangenes als Zukünftiges sich verbreitet; während die Hoffnung beschränkt ist auf das Gute allein, und zwar als ein künftiges und mögliches. Man kann daher die Hoffnung verlieren, ohne in Häresie zu verfallen; man kann die Seligkeit als einen wirklichen und vorhandenen Zustand glauben, auch sie für Viele als möglich betrachten, indeß man an der eigenen verzweifelt. Wäre das Vertrauen, selig zu werden, ein Act des Glaubens, so müßte es als ein individueller Glaubensartikel sich etwa in den Worten aussprechen: Ich werde unfehlbar selig, oder ich bin prädestinirt. Dieß Urtheil aber, wenn es so absolut mit der Sicherheit eines Glaubensartikels ausgesprochen wird, ist dem Glauben, der uns lehrt, daß nicht Alle selig werden, und wir deßhalb unsere Seligkeit mit Furcht wirken müssen, entgegengesetzt und häretisch. Niemand kann ohne specielle Offenbarung von seiner Seligkeit gewiß seyn; tritt aber eine specielle Offenbarung ein, so geht allerdings die Hoffnung in den Glauben über, nämlich in das Fürwahrhalten eines göttlichen Wortes (nach Suarez).

Anmerk. 2. Von den verschiedenen Bedeutungen des Wortes fides, sollen hier nur zwei als die vorwaltenden ausgehoben werden, um nachzuweisen, daß fides nicht blos ein Für-wahrhalten, eine Art des Denkens, sondern auch eine Bewegung des Willens als moralische Tugend bezeichne. Erstens bedeutet fides sehr oft Treue und Redlichkeit, und in diesem Sinne sagt Cic. (offic.): Fides est dictorum et conventorum con-stantia et veritas; also Treue und Beharrlichkeit in Haltung des gegebenen Wortes. Ebenso wird im Deutschen Glaube ge-braucht; ein Mann von Treu und Glauben sagt man; weil die Treue die Bedingung des Glaubens ist. Diesen Doppelsinn des Wortes fides unterscheidet Augustin sehr genau: Fides una est, qua fideliter promittimus alteri (Treue), alia, qua credi-mus dicenti (eigentlicher Glaube) — de spir. et lit. 30. Quæ revelat arcana fidem perdit, heißt es Eccles. 27; aber nicht seinen Glauben verliert ein solcher, sondern jene Tu-gend des Gemüthes, jene Treue, die den Glauben (fidem hu-manam) von Seiten Anderer begründet. Numquid incredu-litas eorum fidem Dei evacuavit (Rom. 4.): Der mensch-liche Unglaube vernichtet nicht die Liebe und Treue Gottes, und weil Wahrhaftigkeit eine Folge der Treue ist, setzt Paulus hin-zu: est enim Deus verax. Habentes damnationem, quia primam fidem irritam fecerunt. (1. Tim. 5.) sie hielten nicht ihr gegebenes Wort. Von dieser Bedeutung der fides stam-men fidelis et fidelitas, als moralische Tugenden des Willens. Zweitens bezeichnet aber auch fides die Hoffnung, oder eigentli-cher das eine Element der Hoffnung, das Vertrauen, das der Hoffnung ihre Haltung und Stärke giebt. Weil aber das Ver-trauen in dem Glauben seinen Grund hat; das menschliche Ver-trauen in menschlicher Glaubhaftigkeit; das göttliche Vertrauen in göttlicher Wahrhaftigkeit; so wird es begreiflich sowohl warum fides auch als Vertrauen genommen werden kann, als warum die Reformers mit einem Scheine von Wahrheit den Act der Hoffnung in einen Act des Glaubens umsetzten. Einige Bemer-kungen über hieher einschlagende Stellen werden dieß deutlicher

machen. Si habueritis fidem sicut granum sinapis etc.
(Luc. 17.) Wenn vom Glauben im eigentlichen Sinne hier
die Rede wäre, so müßte jeder Gläubige ein Wunderthäter seyn,
das nicht der Fall ist; fides bedeutet aber hier ein besonderes
Vertrauen, das allerdings im Glauben seine Wurzel hat, ohne
welches aber der Glaube ganz vollkommen bestehen kann, weil
dieß Vertrauen ein Wunder zum Gegenstand hat, und keine
nothwendige Folge des Glaubens ist. Da Petrus auf dem
Meere ging, erhob sich ein starker Wind, und in Petrus sich die
Furcht: Cum vidisset Petrus ventum validum, timuit
(Matth. 14.) Die Furcht ist das Gegentheil, die Negation
des Vertrauens, und dieß verlor Petrus. Modicæ fidei, quare
dubitasti? ruft ihm der Herr zu, nicht weil er den Glauben
verlor, sondern das Vertrauen, als Folge und Wirkung des
Glaubens. Von Abraham heißt es (Rom. 4): Non haesi-
tavit diffidentia, sed confortatus est fide; Gegensatz der
diffidentia ist aber nicht fides im eigentlichen Sinne, sondern
fiducia; er hielt die Hoffnung aufrecht, als Folge des Glaubens.
Quidquid orantes petitis, credite, quia accipietis, es ist
aber kein Dogma, daß jedes Gebet erhört werde; sondern nur
unter gewissen Bedingungen hat man die Hoffnung der Erhörung.
Diese feinere Unterscheidung entging dem Reformator in seiner
leidenschaftlichen Hitze, und so gerieth er in den Irrthum, die
Seligkeit hinge von dem Glauben allein ab. Gegen diesen Irrthum erließ das Tridentinum den Canon: Si quis dixerit,
fidem justificantem nihil aliud esse quam fiduciam divinæ
misericordiæ peccata remittentis propter Christum, vel
eam fiduciam solam esse, qua justificamur, anathema sit.
(Sess. 6. can. 12.)

§. 7. Das Verhältniß der Hoffnung zur Liebe.

Es giebt Verhältnisse, in denen das Unvollkommene
früher ist als das Vollkommene; in andern Fällen kehrt sich
dieß Verhältniß um. Wo endliche Naturen in einem Ent-
wickelungsprocesse begriffen sind, da sind wenigstens bis

22 *

auf eine gewiſſe Stufen hin die unvollkommnern Zuſtände
früher als die vollkommnern. In ſo fern aber keine endliche Natur ſchlechthin unabhängig und in ſich ſelbſtſtändig
iſt, ſondern unter höhern Einflüſſen ſich entwickelt, geht we-
nigſtens in ihren Verhältniſſen zu Gott das Vollkommnere
voran; denn daß das Unvollkommene in andere und höhere
Zuſtände übergeht, iſt nicht bloß eine Folge der in ihr ſelbſt
liegenden Bedingungen, ſondern reſultirt aus den Einwir-
kungen der vollkommnen Natur Gottes. Dieß iſt beſonders
bemerkbar in der Entſtehung und Entwickelung der göttlichen
Tugenden, die ganz unter den Einflüſſen der Gnade ſtehen.
Der Menſch, in ſeiner Abſtraction von Gott betrachtet, lebt
in und für ſich ſelbſt, die erſte höhere übernatürliche Richtung giebt ihm der Glaube. Durch die im Glauben unter
gewiſſen Bedingungen gegebnen großen Verheißungen eines
ewigen Lebens, weckt die Gnade das Verlangen nach dieſem
Gute, und das Vertrauen daſſelbe einſt zu erlangen, mit
einem Worte: die Hoffnung. Der Gläubige beginnt Gott
zu lieben, aber noch immer mit vorwaltender Beziehung
auf ſich hin. Er hofft den höhern Zuſtand als ſeine Seligkeit, als den für ihn glücklichſten Zuſtand. Das Verlangen und die Liebe zu Gott, die in dieſer Hoffnung zu Gott
liegt, iſt annoch eine unvollkommne Liebe; dieſe Hoffnung
ſucht zwar Gott, aber nicht blos Gottes wegen, und mehr
mit Beziehung auf ſich als auf Gott. Werden wir je länger je mehr inne, daß die verheißene Seligkeit ein unver-
dientes Gut, eine freie Gabe Gottes ſey, ſo beginnt unter
den Einflüſſen der Gnade eine uneigennützigere Liebe allmählig
die egoiſtiſche Richtung der erſten unvollkommenen Hoffnung
zu verdrängen, und in dieſer neuen Umwandlung durch die
wahre Liebe, gewinnt auch die Hoffnung eine andere und
vollkommenere Geſtalt. Von nun an hat die Intention eine
andere Wendung genommen, das Gemüth bezieht ſich mehr
auf Gott, als Gott auf ſich. Die Hoffnung hat in dieſem

neuen Zustande nicht aufgehört; sie ist zwar mehr in den Hintergrund getreten, aber eine durch Liebe vervollkommnete Hoffnung, als spes formata; so wie wir von viel vermögenden Freunden am meisten hoffen, ohne sie dieser Hoffnung wegen zu lieben. Wer Gott wahrhaft liebt, hegt ohne Zweifel die größten Hoffnungen; aber diese Hoffnungen sind nicht die Beweggründe der Liebe, sondern umgekehrt ist die Liebe der Grund der Hoffnung. Wir handeln nicht mehr um unserer Seligkeit willen, sondern richten unsere Handlungen unbedingt nach dem Willen Gottes, Ihm unser künftiges Wohl anvertrauend.

Anmerk. 1. Wenn Glaube und Hoffnung von der Liebe beseelt ihre wahre Vollendung erreicht haben, so bilden die drei göttlichen Tugenden eine Trias, in welcher die Hoffnung vom Glauben und von der Liebe ausgeht, daher sie auch als eine zusammengesetzte Tugend erscheint. Das Vertrauen nimmt die Hoffnung vom Glauben, denn der Glaube enthält zugleich ein Vertrauen in die Wahrhaftigkeit Gottes, darum ist die Hoffnung mittels des Vertrauens mit dem Glauben verbunden. Das Verlangen nimmt die Hoffnung von der Liebe, die zu gleicher Zeit das Vertrauen kräftigt, weil die Liebe die Furcht, die Verneinung des Vertrauens austreibt; und daher heißt es: Spes non confundit, quia caritas Dei diffusa est in cordibus nostri. (Rom. 5.) Der übertriebene Pietismus der Madame Guion behauptete eine Ultra-Liebe auf Kosten der Hoffnung. Sie forderte, man solle Gott lieben mit Verzichtleistung auf die Seligkeit, oder mit Darangeben der Hoffnung; eine Forderung, welche die Liebe auf den Wendepunkt des Hasses stellt; denn wenn Gott ein Wesen wäre, das, unerachtet der höchsten Aufopferung, womit ich Ihm diene, eine Ewigkeit hindurch mißhandeln würde, so ist der Gedanke an die bloße Möglichkeit eines solchen Verfahrens hinlänglich, Bitterkeit und Haß gegen die höchste Güte zu erregen. Daher lag in diesem Pietismus, unter dem Schein der höchsten Vollkommenheit, ein tiefes Gift verborgen.

Anmerk. 2. Eine Frage, welche die Vorzeit viel beschäf=
tigt hat, und allerdings Berücksichtigung verdient, ist: ob die Hoff=
nung wirklich eine Tugend, und noch dazn eine übernatürliche
sey? Ihre Erörterung ist um so wichtiger, weil sie in das Ver=
hältniß der Hoffnung zur Liebe tiefer eingeht. Von Natur, ward
bemerkt, ist jedem Wesen der Trieb eingepflanzt, glücklich zu wer=
den und zwar auf die höchst möglichste und dauerhafteste Weise;
da nun die Hoffnung zu diesem Verlangen nur das Vertrauen
hinzufügt, es befriedigt zu sehen, so scheint die Hoffnung im Gebiet
der Natur zu liegen, und nur die allgemeine Form der Eigen=
liebe zu seyn. Daß die Hoffnung auf Gott sich bezieht, und von
Ihm die ersehnte Glückseligkeit erwarte, giebt ihr zwar einen An=
strich des Uebernatürlichen, da aber dennoch das Subjekt sich
selbst zum Endzweck macht, so bleibt immer die erschaffene Natur
das Objekt der Hoffnung, und diese ein reines Erzeugniß der
Natur, denn wen beseelt nicht die Hoffnung? Es ist wohl klar,
daß, wenn das hoffende Subjekt sich selbst und die eigene Glück=
seligkeit zum Endzweck machte, wie es bei der Eigenliebe der Fall
ist, so wäre die Hoffnung keine Tugend viel weniger eine über=
natürliche. Damit die Hoffnung wahrhaft den Namen einer gött=
lichen Tugend verdiene, muß sie mehr oder weniger von der gött=
lichen Liebe gebildet und beseelt seyn (spes formata). Gott muß
der Endzweck des Verlangens und Strebens seyn, das Subjekt
muß sich wahrhaft auf Gott beziehn, um eine Vereinigung mit
der höchsten Güte zu erzielen. Aus dieser Verbindung aber geht
zugleich eine Vervollkommnung in dem eigenen Zustande des Er=
schaffnen hervor, und diese Vollkommenheit ist das Objekt der
Hoffnung, aber nicht als Endzweck sondern als Folge; daher geht
die Hoffnung als übernatürliche Tugend von der Liebe aus. So
hat die Hoffnung allerdings zu ihrem Grunde die natürliche
Selbstliebe und das Wohlwollen, das jede Natur für sich selbst
beseelt; aber wie die natürliche Nächstenliebe durch die göttliche
Liebe nicht aufgehoben, sondern vervollkommnet und eine höhere
Richtung und Haltung bekommt, so auch empfängt die natürliche
Eigenliebe in der Hoffnung eine höhere Gestalt; das Wohlseyn

in der Verbindung mit Gott ist, nicht mehr ein bloßes natürliches, sondern ein übernatürliches aus der göttlichen Liebe erzeugtes. Wie die mütterliche Liebe aus der natürlichen Verbindung mit dem Gebornen abstammt, aber dadurch erhöht und veredelt wird, daß sie eine übernatürliche Vollkommenheit und Seligkeit ihres Kindes will, das sie nunmehr nicht auf rein natürliche Weise liebt. Da nun der Glaube lehrt, daß die Beseligung des Erschaffenen der Wille Gottes ist, und die Hoffnung in diese Absicht Gottes mit einstimmt, so bleibt auch hier die Ehre Gottes Endzweck. So bleibt es vollkommen gerechtfertiget, daß die Hoffnung eine Tugend und dazu eine übernatürliche, göttliche, von der Gnade gebildete Tugend ist, die vom Glauben und der Liebe ausgeht. Dieß letztere scheinen auch Scotus und Occam sagen zu wollen, wenn sie die Hoffnung ein Aggregat vom Glauben und Lieben nennen, und sich höchst treffend ausdrücken, indem sie sagen: sperare nil aliud esse, quam credendo desiderare. (Vergl. Suarez.)

§. 8. Die Hoffnung ist eine Function des Willens.

Der Gegenstand des Glaubens ist das Wahre, dieß erkennen wir; daher ist der Glaube eine Function des Erkenntnißvermögens. Der Gegenstand unserer Hoffnung ist Etwas, das wir verlangen, und als solches ein wirkliches oder vermeintliches Gut, daher ist die Hoffnung eine Function des Begehrungsvermögens. Im Menschen aber ist ein doppeltes Begehrungsvermögen, ein sinnliches und ein übersinnliches. Das sinnliche bezieht sich durch Begirde und Abscheu auf das sinnlich Angenehme und dessen Gegentheil; denn wir hassen nothwendig das Gegentheil von dem, was wir begehren; das übersinnliche mit Vernunft und Überlegung verbundene Begehrungsvermögen ist der Wille und der Widerwille in Bezug auf das Gute und Böse; beide Bewegungen sind gleichzeitig, entgegengesetzt, von gleicher Stärke, obwohl insgemein nur die eine Seite activ ist. Die Acte der niedern sinnlichen Begierde sind mit Leiden-

denſchaft verbunden, die des Willens als freie Selbſtbeſtim-
mungen ohne Leidenſchaft. Da der Gegenſtand der göttlichen Hoffnung ein' überſinnliches Gut iſt, ſo iſt das Verlangen deſſelben keine Function des ſinnlichen Begehrungsvermögens, ſondern des höheren vernünftigen; daher iſt die
Hoffnung eine Function des Willens, in dem ſie als in
ihrem Subject lebt.

Anmerk. Die göttliche Hoffnung iſt ſo wenig eine Function des ſinnlichen Begehrens, daß die Acte derſelben vielmehr
das Gegentheil davon ſind; die Begierde nach den ſinnlichen
Gütern ſchließt das Verlangen nach den höhern aus, und umgekehrt. So wie allen Religionen außer der chriſtlichen der wahre
Glaube' abgeht, ſo auch die wahre göttliche Hoffnung; die Seligkeit, die ſie verheißen, iſt nur eine Steigerung der ſinnlichen
Güter, und die Hoffnungen, die ſie anregen, durchaus ſinnlicher
Art, und Functionen des niedern ſinnlichen Begehrungsvermögens.'

§. 9. Im Himmel keine Hoffnung.

Das ſelige Leben als erreichbar durch den Beiſtand
Gottes iſt nur inſofern Gegenſtand der Hoffnung, als es
ein künftiges Gut iſt. Da es die Seligen in unmittelbarer
Gegenwart beſitzen, ſo ſind ihre Hoffnungen in Gewißheit
übergegangen, und ſo wie der Glaube ein Schauen, ſo auch
ſind die Acte der Hoffnung Acte der Liebe geworden, und
dieß Schauen und Lieben füllt von nun an den ganzen Um-
kreis des ewigen Lebens. Es ſind vorerſt noch drei Bezie-
hungen denkbar, unter welchen Güter als künftige noch in
den Seligen Hoffnungen anregen könnten: erſtlich der Fortdauer ihrer eigenen Seligkeit; da ſie aber durch das An-
ſchaun Gottes der Seligkeit theilhaft werden, ſo ſind die
Zeitbeſtimmungen für ſie untergegangen, und die Fortdauer
ihrer Seligkeit unmittelbare Gewißheit geworden. Ein anderer Gegenſtand ihrer Hoffnungen wäre die künftige Selig-
ligkeit der Mitglieder der ſtreitenden Kirche, mit denen ſie
im Leben in Liebe verbunden waren. Dieſe ihre Theil-

nahme an den Hinterlassenen kann aber nicht unter"der
Form der Hoffnung stehn; denn wo Hoffnung ist, da ist
auch Furcht, die ihre Seligkeit trüben würde; ihre Theilnahme ist die der Liebe, aus welcher ihre Fürbitten hervorgehen; mit derselben Liebe lieben sie Gott und ihre Mitmenschen, für deren Seligkeit sie mit gänzlichem Wohlgefallen an dem Willen Gottes streben. Endlich könnte man
behaupten; daß die noch zukünftige Verherrlichung ihres
eigenen Leibes ein Gegenstand der Hoffnung für sie sey; da
sie aber das eigentliche Objekt der Hoffnung die Herrlichkeit
der Seele gewonnen haben, so sind sie, in der Liebe Gottes versenkt und absorbirt, gegen alles Andere, was sie
selbst angeht, gleichgültig geworden, und diese Liebe ist jene
Lethe, der Fluß des Vergessens, aus dem die Hingeschiede-
nen trinken, um die trüben Erinnerungen an die Leiden und
Freuden des verflossenen Lebens zu verlieren.

§. 10. In der Hölle keine Hoffnung.

Im Begriffe des vollkommenen Wohlseyns liegt es,
daß der Wille vollkommen befriedigt ist, Ruhe und Freude
hat, ohne Beimischung irgend einer Furcht oder Unsicherheit;
im Begriffe der Strafe aber, daß die Strafmittel dem Willen widerstreben. Der Wille aber kann weder bejahen noch
verneinen, Lust oder Unlust haben an dem Unbestimmten
und Unbewußten. Daher konnten die Engel in ihrem ursprünglichen Prüfungsstande nicht vollkommen selig seyn,
weil noch Ungewißheit und Unsicherheit darüber schwebte.
Es gehört daher zur Seligkeit, daß die Geretteten selbst
die Gewißheit von der Fortdauer ihres Zustandes haben,
wodurch jede Anwandlung von Furcht wegen einer möglichen Veränderung ausgeschlossen ist. Das Gegenbild giebt
uns der Zustand der Verdammten. Er würde kein Zustand
vollkommner und gänzlicher Strafe seyn, wenn er nicht gänzlich dem Willen widerstrebte, das nicht der Fall seyn würde,

wenn noch eine Ungewißheit über ihm waltete, und die Aus= ficht in eine mögliche Veränderung den Willen aufrichtete. Daher gehört es zum jammervollen Zuftand der Verdamm= ten, daß fie felbft es wiffen, daß ihr Leiden unveränderlich oder conftant fey. Würde nur ein Strahl entfernter Hoff= nung in ihr tiefes Elend hineinfcheinen, fo würde derfelbe einen mildernden Schimmer über ihr leidenvolles Dafeyn verbreiten. Aber felbft der tröftende Gedanke der Vernich= tung ift für die Unfeligen nicht vorhanden; denn dieß Nicht= feyn wäre für fie eine künftige mögliche Verbefferung ihres Dafeyns: Desiderabunt mori, et fugiet mors ab eis. (Apoc. **9.**) So ift alfo die Hoffnung von Himmel und Hölle ausgefchloffen; vom Himmel, weil fie ohne Beimi= fchung von Furcht, von der Hölle, weil fie ohne Beimifchung von Freude ift. Die Hoffnung aber ift eine treue und freund= liche Begleiterin der Pilger, feyen es diefes Lebens oder der künftigen Läuterung, denn beiden erfcheint die Seligkeit als ein künftiges mögliches Gut.

Anmerk. Where hope never comes, that comes to all — „wohin die Hoffnung nimmer kommt, die doch zu Allen kommt.” — fagt Milton, und fchildert in diefen wenigen Worten die Hölle mit fchauderhafter Wahrheit.

§. 11. Von der Gewißheit der Hoffnung.

Die Gewißheit ift ein Wiffen und eine Function des Erkenntnißvermögens; da aber die Hoffnung eine Function des Willens und Begehrungsvermögens ift, fo kann die Hoffnung weder die Gewißheit eines demonftrabeln Theorems haben, noch die einer Thatfache, die durch einen Begriff unabänderlich beftimmt ift, wie die Thatfachen der Natur, die in dem göttlichen Verftande ihre unabänderliche Regel haben. Die Seite der Gewißheit in der Hoffnung ift nicht die des Verlangens fondern die des Vertrauens in die gött= liche Allmacht und Güte; die Erkenntniß diefer göttlichen

Eigenschaften stammt vom Glauben, und so zeigt sich, was schon bemerkt worden, daß die Hoffnung hinsichtlich des Vertrauens vom Glauben ausgeht, wie hinsichtlich des Verlangens von der Liebe. Indeß kann das Vertrauen der Hoffnung nicht die Gewißheit des Glaubens erreichen wegen ihrer Verbindung mit dem Begehrungsvermögen; denn das Vertrauen ist nicht allein in der göttlichen Allmacht und Güte begründet, sondern es hat auch ein veränderliches Element, da es auf der eigenen Mitwirkung mit der Gnade mit beruht, und da diese menschliche Seite desselben von der Veränderlichkeit des menschlichen Willens afficirt ist, so ist von dieser Seite das Vertrauen dem Zweifel zugänglich. Weil daher ein veränderliches Element, die eigene Selbstbestimmung, mit in die Hoffnung eingreift, so ist die Gewißheit derselben eine veränderliche Function, und einer Zunahme und Abnahme fähig. Wendet sich das Vertrauen der Hoffnung auf eigene Selbstbestimmung, so wird das Vertrauen ein unwahres, weil es das Veränderliche als ein Unveränderliches setzt; und ein vermessenes, weil es das Unsichere für ein Sicheres hält. Je mehr dagegen das Vertrauen auf die Allmacht und Allgüte allein sich stützt, desto zuverlässiger, gewisser und constanter wird die Hoffnung.

(Fortsetzung folgt.)

XVI.

Nekrolog

des weiland

Hochwürdigsten Herrn

Johann Jacob Humann,

Bischofs von Mainz.

Am 11. Juni l. J. haben wir unter dem lautesten und
ungeheucheltsten Freude- und Wonnegefühle die an eben
diesem Tage, als am Gedächtnißfeste des heiligen Apostels
Barnabas, in der Kathedralkirche zu Mainz, durch den Hochwürdigsten Herrn Dr. Johann Leonhard Pfaff, Bischof von
Fulda, vollzogene feierliche Weihe und Installirung unsers
Hochwürdigsten Bischofs Herrn Johann Jocob Humann,
Dr. der Theologie und Ritter des Civilverdienstordens der
bayerischen Krone gefeiert, und mit dem aufrichtigsten und
innigsten, dem römischen Pontifikale entnommenen Wunsche
«ad multos annos» geschlossen. Und nach kaum zehn
verflossenen Wochen stehen wir schon um dessen Trauerge-
rüst und weinen und ringen die Hände, und können es fast
nicht begreifen, daß der Hochwürdigste Oberpriester, der
liebevollste Vater, der edelste Menschenfreund, der sorgfäl-
tigste Hirt unserer Seelen nicht mehr in unserer Mitte weilet,
und gerade in der Woche von uns weggenommen wurde,
wo er durch die Auflegung seiner bischöflichen Hände den
Zöglingen unsers Seminars zum erstenmal die heil. Weihen
spenden wollte. So sehr uns aber auch der bloße Gedanke
an diesen unersetzlichen Verlust, jedesmal auf's Neue die

Bruſt zerreißen mag, wir müſſen ihn mit chriſtlichem Stark-
muthe als wahr und durch Gott verfügt erkennen, einge-
denkt: daß unſere Gedanken nicht Gottes Gedanken und unſere Wege nicht Gottes Wege ſind. Denn ſchon hat ſich die
finſtere Gruft über ihm geſchloſſen; ſchon ruhet er an der
Seite ſeines langjährigen Freundes und Vorgängers, des
ewig unvergeßlichen Joſeph Ludwig Kolmar; ja ſchon hat
ihm die Kirche mit dem tief erſchütternden Rufe: „requi-
escat in pace‟ die letzte Ehre erwieſen. Die ſchon ſo
vielfach heimgeſuchte und ſo tief erniedrigte Kirche von
Mainz, iſt alſo nach etlichen Augenblicken der Freude und
Ruhe ſchon wieder und um ſo mehr in Trauer gehüllt, weil
Manches unter dieſem wahrhaft apoſtoliſchen Hirtenſtabe
eine ganz andere Geſtalt gewinnen ſollte, aber leider durch
Gottes wunderbare Fügung nicht zur Ausführung gebracht
werden konnte; weßwegen Viele vielleicht auch nun, um ſo
verwegener und übermüthiger, ihre Häupter erheben werden. — Doch wir wollen bei dem düſtern Grabe des Ver-
blichenen, uns durch dergleichen Betrachtungen nicht noch
mehr betrüben, und liefern daher unſerer ſelbſt gewählten
Aufgabe gemäß, bloß eine einfache, ſchlichte, aber ſtreng
der Wahrheit gemäß abgeſtattete, auf zuverläßige Notizen
ſich ſtützende Darſtellung Hochdeſſelben, ganz dem Wohle
der Kirche geweihten Lebens.

Johann Jacob Humann, Biſchof von Mainz, war geboren zu Straßburg den 7. Mai 1771, begann und vollendete daſelbſt ſeine niedern Studien (einſchließlich der Phi-
loſophie) mit ſolcher Auszeichnung, daß er ſchon im Jahre
1789 an der noch damals beſtehenden Univerſität, ſich den
Grad eines Magiſters der ſchönen Wiſſenſchaften errang.
Er war, einer angebornen und im elterlichen Hauſe [1]) durch

---

[1]) Sein ſeliger Vater war vor der Revolution Director an der
öffentlichen Wage in Straßburg, verlor aber durch dieſelbe ſeine
Stelle, Beweis genug, daß er den Grundſätzen der Revolution

eine ächt religiöse Erziehung noch mehr bestärkten Neigung zum geistlichen Stande zufolge, schon als Alumnus in das Seminar seiner Vaterstadt eingetreten, als die furchtbare, blutige, durch lange Untergrabung der Religion endlich herbeigeführte und schon durch den großen Bossuet und andere ähnliche Geister vorhergesagte Staatsumwälzung über sein Vaterland hereinbrach, und ihn als zwanzigjährigen, kaum mit dem geistlichen Kleide geschmückten Cleriker nöthigte, dem bei Matth. X. 23. ertheilten Rathe seines göttlichen Meisters "wenn sie euch in einer Stadt verfolgen, so fliehet in eine andere" zufolge, mit seinen Obern und den ihrem einmal gewählten Stande getreu gebliebenen Mitschülern auszuwandern und in der Fremde eine Heimat zu suchen. Unter dem wüthenden, stürmischen, ganz besonders nach Priesterblut lechzenden Geschrei der Ohnehosen, voila des callottins! voila des prêtres! à la lanterne! ging er im Jahre 1791 von Straßburg nach Deutschland und zwar in die nachbarliche, damalige Markgrafschaft Baden, ohne nur im Mindesten ahnen zu können, daß ihn die Alles leitende Vorsehung noch dazu bestimmt habe, auf einen bischöflichen Stuhl in Deutschland erhoben zu werden, und sogar in der Reihenfolge der würdigen und verdienstvollen Oberhirten der uralten Mainzer Kirche zu glänzen. Seine in Straßburg kaum begonnenen theologischen Studien vollendete der Hochselige in der Abtei Ettenheimmünster im Breisgau, wo er sich im Jahre 1794 durch eine glänzende Vertheidigung und Lösung der schwierigsten Sätze aus dem Gesammtgebiete der Theologie, in Gegenwart vieler Ge-

nicht huldigte, und lebte hierauf in Zurückgezogenheit im Schoose seiner zahlreichen Familie. Ein noch lebender Bruder unsers Hochseligen Oberhirten ist dermalen Finanzminister von Frankreich, ein anderer Banquier in Mainz und eine Schwester, die Vorsteherin des ehemaligen Instituts Josephine in Mainz, lebt der malen in Straßburg.

lehrten, den Grad eines Licentiaten der Gottesgelehrtheit erwarb. Die Weihe des Subdiaconats erhielt er zu Konstanz, des Diaconats zu Ettenheimmünster, und des so sehnlichst gewünschten Presbyterates zu Bruchsal, am 21. Mai 1796 von dem damaligen Weihbischofe Schmidt. Ein Assistent und vier brennende Kerzen waren demjenigen bei seiner ganz stillen Primizfeier die einzige Auszeichnung, der späterhin noch selbst hochgestellt auf den Leuchter, in der Kirche Gottes durch Lehre und Wandel das Licht des Evangeliums verbreiten sollte. Seine schöne, ausgezeichnete Körpergestalt, verbunden mit einer feinen, aber völlig anspruchslosen Geistesbildung, gewannen ihm zu Bruchsal Zutritt bei einer adelichen Familie, bei welcher er auch bald unter vielen Competenten die Stelle eines Hauslehrers erhielt. In gleicher Eigenschaft kam er nach Frankfurt am Main, wo er bis zum Jahre 1802 verweilte.

In eben diesem Jahre wurde er von dem, durch den ersten Konsul von Frankreich zum Bischofe von Mainz ernannten Joseph Ludwig Kolmar als Privatsecretär und Canonikus bei der Kathedralkirche, nach Mainz berufen. Im Jahre 1806 wurde er zum Generalvicar und in eben diesem Jahre noch zum Großvicar des Bisthums Mainz erhoben. Die letzte Auszeichnung und Beförderung, die ihm zur Anerkennung und Belohnung seiner vielseitigen Verdienste durch seinen Freund Kolmar zu Theil wurde, war die Ernennung zum bischöflichen Officiale im Jahre 1815. — Nach dem, im Jahre 1818 erfolgten Tode Kolmars, wurde ihm die Stelle eines Bisthumsverwesers übertragen, welche er gewissenhaft unter strenger Handhabung und Vertheidigung aller wesentlichen kirchlichen Rechte bis zum Jahre 1830 bekleidete. — Als endlich im ebenbenannten Jahre die Wiederbesetzung des so lange verwaisten bischöflichen Stuhles von Mainz erfolgte, wurde er zum Domdecan des neu organisirten Kapitels ernannt. Für die in kirchlicher Beziehung in der mit dem

Bisthume Mainz bis zum Jahre 1821 vereinigt gewesenen Privinz Rheinbayern geleisteten Dienste schmückte ihn der Hochselige König Maximilian mit dem Civilverdienstorden der bayerischen Krone. Im verwichenen Jahre wurde er trotz seines sehr ernsten und inständigen Ablehnens, indem er besonders auf sein vorgerücktes Alter und seine wankende Gesundheit hinwies, einstimmig am 16. Juli von dem Domkapitel zum Bischofe erwählt, und am 11. Juni l. J. als solcher auf die feierlichste Weise in der Kathedralkirche zu Mainz consecrirt und installirt. Allein Gottes Fügung hatte es bestimmt, daß er diese erhabene Würde unter allen seinen seitherigen Vorfahren am kürzesten bekleiden sollte. Schon nach zehn Wochen hat ihn uns der unerbittliche Tod durch ein organisches Übel, eine Verknöcherung des Herzens [1] entrissen; welches Leiden uns zwar oft mit bangen Sorgen erfüllte, aber doch seinen Hintritt nicht als so nahe bevorstehend befürchten ließ. — Das Ende dieses ausgezeichneten Prälaten war ganz eines Heiligen würdig. — Als ihm, in seinem nur zweitägigen aber sehr schweren Leidenskampfe die heil. Sterbsacramente gereicht wurden, empfing er dieselben mit einer alle Anwesende, bis zu Thränen rührenden Andacht, ermahnte den functionirenden, schonlich zu Werke gehen wollenden Priester, ihm die heil. Communion als letzte Wegzehrung zu reichen; antwortete demselben auf alle Gebete mit lauter Stimme, und entschlief sanft und ruhig wie der Gerechte stirbt, am 19. August Abends, ein Viertel nach zehn Uhr zu einem bessern Leben, nachdem er noch wenige Augenblicke zuvor allen Anwesenden bis auf seine geringste Dienerschaft herab, auf die liebevollste Weise mit sterbender

---

[1] Die Leiche des Hochseligen wurde dem oft ausgesprochenen Wunsche desselben zufolge bloß in der Absicht geöffnet, damit die Aerzte mit diesem Uebel zum Besten der Menschheit noch vertrauter werden möchten. So warm und theilnehmend hat die- ses Herz für alle Mitmenschen geschlagen!

Inhalt des fünften Bandes.

Seite

Ueber das Brevierbeten.

Es mag wohl in dem heutigen verdorbenen Zeitgeiste liegen, daß man eine Sache, die vom Anfange der Christenheit bis auf unsere Zeiten allgemein und ununterbrochen ist beobachtet worden, noch durch nähere Gründe, wegen einiger von eben diesem Zeitgeiste hingerissenen Geistlichen, zu unterstützen sich genöthiget findet. Daß alle Christen beständig und inständig beten müssen, ist ein Gesetz des Herrn, Luk. XVIII, 1; welches aber ganz besonders die Diener des Altars, die von allen weltlichen Geschäften deßhalb frei seyn sollen, betrifft. Sie sollen ganz geistlich seyn, das heißt: mehr als alle andere Christen soll ihr Geist sich mit Gott beschäftigen, und ihr Lebenswandel soll eine beständige Unterhaltung mit Gott seyn. Allein, weil die heilige Kirche, die gute Mutter, wohl einsah, daß nicht jeder ihrer Diener, wegen besonderer Geschäfte, die auch mit ihrem Amte wesentlich verbunden sind, und auch wegen Schwachheit der Natur, sich in beständiger Aufmerksamkeit auf göttliche Dinge erhalten könne, hat sie gewiße Stunden bestimmt, in welchen sie ganz besonders dem Gebete obliegen, hat auch einige Gebete vorgeschrieben, welche in diesen Stunden verrichtet werden sollen.

Daß die Kirche die Macht hat, Gesetze dieser Art zu ertheilen, wird wohl nicht können in Zweifel gezogen werden. Nennen wir uns nicht Diener der Kirche? wenn wir also Diener sind, so ist die Kirche unsere Oberin, der es aus göttlicher Vollmacht zusteht, uns zu befehlen — und uns liegt es ob, in Allem zu gehorchen. Ferner, weil nach dem Ausspruche des Apostels der Diener des Altars auch von dem Altare leben darf, so hat die Kirche mit der Erfüllung

ihres Gesetzes auch zuweilen einen zeitlichen Vortheil verbun=
den, damit, wie der heil. Augustin, lib. 3. contr. Petil.
cap. 58. sagt, der rechtschaffene Geistliche desto williger und
eifriger es beobachte; der Unordentliche aber es erfülle des
zeitlichen Vortheils wegen: Si bonus est, volens hoc facit;
si autem malus, hoc est, sua quærens, non quæ Jesu
Christi, invitus hoc facit, propter alia quæ requirit.

Allein man zeige uns ein verbindendes Gesetz der alten
Kirche über diesen Punkt; — so lautet heut zu Tage die
Sprache mehrerer Geistlichen *). — Wir antworten: zuge=
geben, es sey kein Gesetz über diesen Punkt im Alterthum
ausfindig zu machen, so wurde dadurch der Kirche die Macht
nicht benommen, in spätern Zeiten hierüber ein Gesetz zu er=
lassen. Zweitens, da im Alterthum der Gebrauch ganz ge=
nau erfüllt wurde, sowohl in den öffentlichen kirchlichen
Versammlungen, als auch besonders in der Stille, zu den be=
stimmten Zeiten, die gewöhnlichen Gebete zu verrichten; so
war wohl kein lautsprechendes Gesetz vonnöthen. Das Ge=
setz wurde gegeben wegen der Uebertretungen.

1) Es ist eine apostolische gesetzliche Ueberlieferung, sagt
Van Espen, daß die Diener der Religion auf gewisse
Stunden des Tages die vorgeschriebenen Gebete verrichten
sollen. Hierüber ist im Alterthume nur eine Stimme. Der

*) Ueber die Verbindlichkeit der Geistlichen, das Brevier zu be=
ten, haben weitschichtig geschrieben: Thomassin, de vet. et
nov. Discipl. lib. II. cap. 73. etc. Van Espen, Diss. de Ho=
ris canonic. Tom. II. Oper. Fol. 660. Auch in dem Archiv
für das katholische Kirchen= und Schulwesen, vorzüglich in
den rheinischen Bundesstaaten 1810, findet sich ein Aufsatz
im 2ten Bande I. und II. Stück. S. 49 und 167. — Wen
unsere abgekürzte Abhandlung vielleicht nicht befriedigen möch=
te, den wollen wir bitten, bei diesen jetzt angeführten Autho=
ren Mehreres nachzulesen.

alte Tertullian nennt deßhalb diese Stunden selbst apostoslische. Horarum insigniorum exinde apostolicarum tertiæ, sextæ, nonæ etc. lib. de Jejun. cap. 10. Auch der heil. Cyprian in Orat. dominic. spricht von dieser Art des gemeinsamen Betens : Nam et mane orandum est, ut resurrectio Domini matutina oratione celebretur. In den Akten der ältesten Märtyrer finden wir auch mehrere Spusren dieser Art. Besonders klar sprechen die Märtyrergeschichsten des heil. Bonifácius bei Ruinart, und der heisligen Febronia bei den Bollandisten ad 25. Junii, woraus wir sogar auf die Art des Gebetes schließen können.

Meistens hatte der Vorsteher der Versammlung die Ordnung, und Art des an dem Tage zu haltenden Gebetes zu bestimmen. Beschauen wir hier diese Ordnung, um zu ermessen, wie ähnlich das heutige Gebet der Priester jenem der ersten Zeiten ist. Sobald sie in der Versammlung angekommen, nahm das allgemeine Gebet seinen Anfang, wodurch alle gleichsam aufgemuntert wurden, Gott zu loben und zu preisen. Venite exultemus Domino. Der heil. Pauslinus, in Vita S. Martini lib. 3., singt:

Vigil ocius, omnis
Turba ad consuetos Psalmos, medulamina dulcia
Advolat, et sanctis solatia quærit in Hymnis,
Quæ pellent segnes vulgato corpore somnos.

Auch Tertullian, cap. 39. Apol., thut hiervon Melsdung. Auf dieses erste Gebet folgte die Lesung der heiligen Schrift Alten und Neuen Testaments (prælegitur statim ex scripturis, quantum licet.—Justin. Apolog. 2.), welcher bisweilen auch die Lesung eines Briefs und einer Rede jener Väter beigefügt wurde, die in denselben Kirchen besonders in Ansehen standen. Daher erzählt der heil. Dionysius von Korinth bei Euseb. (Kirchengesch. l. 4. c. 23.), daß in seiner Kirche am Sonntage der Brief des heil. Clemens

von Rom sey gelesen worden; und Eusebius sagt auch, daß
der heil. Evangelist Markus sein Evangelium zum Ge=
brauch der Römer bei dem Gottesdienste besonders geschrie=
ben habe; anderswo meldet Derselbe (3 Buch der Kirchenge=
schichte, cap. 3), daß den Glaubigen einiger Orte die Bücher
des Hermas, die den Titel Pastor führen, in den Ver=
sammlungen vorgelesen wurden. In den oben berührten Ak=
ten der Märtyrin Febronia heißt es auch : «Post expletum
Psalmodiæ cursum, librum accipiebant Platonidis (einer
ehemaligen heiligen Vorsteherin) divinasque scripturas ex
eo perlegebant.

Wir finden auch bei dem h. Hieronymus de Scrip-
torib. ecclesiast. de S. Ephrem, daß in einigen Christenge=
meinden nach der Absingung einiger Psalmen und nach der
Lesung der heil. Schrift, auch die Werke des heil. Ephrem,
des Syrers, eines berühmten Diakons zu Edessa, sind ge=
braucht worden. — Wer sieht hierin nicht ein Bild unserer
heutigen Lektionen in den Nokturnen.

Nach vollendetem Lesen wurden wieder Psalmen und
Lobgesänge gesungen, von welchen auch der heil. Paulus zu
den Ephesern V, 19 und zu den Kolossern III, 16 schreibt,
und deren auch Plinius in seinem Briefe an den Trajan
gedenkt. Da aber späterhin der Mißbrauch einschleichen wollte,
daß dergleichen Lobgesänge auch von Privatpersonen verfaßt,
und in den Versammlungen der Glaubigen abgesungen wur=
den, welches bisweilen eine Verwirrung verursachte; so ist von
dem Kirchenrathe zu Laodicea verordnet worden (Can. 15),
daß in Zukunft keine Lieder und Lobgesänge mehr sollten ge=
sungen werden, welche nur von Privatpersonen sind aufge=
setzt worden. Es ist ferner in diesem Kirchenrathe beschlossen
worden, daß die Psalmen nicht aneinander sollten fortgesun=
gen, sondern zwischen ein= und dem andern Psalm eine Le=
sung vorgenommen werden (Can. 17.), damit, wie der

griechische Ausleger Balsamon bemerket, das Volk nicht ermüden möchte. Ut aliquantulum quiescat populus, et rursus canat. Propterea enim et in diversas Sessiones sacrum distributum est Psalterium. Sunt ergo S. Patribus gratiæ agendæ pro hac eorum cura. So Balsamon. — Nach der Zeit ist der Gebrauch, wechselweise zu singen, eingeführt worden, also daß ein Theil dem andern antwortete. Dieser Gebrauch hat zu Antiochia, in den Zeiten des Kaisers Konstantin, durch den Flavian und Diodorus seinen Anfang genommen, und ist von da durch die ganze christliche Welt verbreitet worden, wenn wir dem Theodoretus, lib. 2. Hist. eccl. cap. 24. glauben: der Kirchengeschichtschreiber Socrates führt ihn aber von dem heil. Ignatius, welcher unter dem Kaiser Trajan gelitten hat, her (l. 6. c. 7.). Auch die Antiphonen waren schon sehr frühe gebräuchlich. Der heil. Paulinus sagt, die lateinische Kirche habe die Antiphonen von der griechischen Kirche, worin solche schon lange eingeführt waren, erhalten. Hoc in tempore primo Antiphonæ, Hymni ac Vigiliæ in ecclesia Mediolanensi celebrari cœperunt. Opuscl. de S. Spir. — Die Gebete waren in gewisse Stunden eingetheilt, so daß nach der Weisung des göttlichen Sängers Tag und Nacht Gott gelobt wurde. Der h. Augustin, in Epist. 121. schreibt: Ideo per certa intervalla horarum et temporum etiam verbis rogamus Deum, ut illis rerum signis nos ipsos admoneamus et acrius excitemus.

Jeder war verpflichtet, diesen Versammlungen beizuwohnen, besonders aber die Kleriker. Denn Keiner wurde ordinirt, ohne daß er einer gewissen Kirche, welcher er dienen wollte, zugehörte. Illis sæculis, sagt Van Espen, Diss. de Horis canonic. cap. I. §. 1., nullus etiam minoribus ordinibus initiabatur, quin una ecclesiæ alicui, cui tanquam minister deserviret, adscriberetur. Konnte aber

Einer, entweder wegen der Verfolgung, oder wegen Entlegen=
heit des Ortes, oder wegen Krankheit ꝛc. der allgemeinen Ver=
sammlung nicht beiwohnen, so mußte er für sich in seinem
Hause das Gebet verrichten. Quodsi ad ecclesiam prodire
non licuerit propter infideles, heißt es in Constitut. apost.
lib. 8. cap. 34., psallat sibi unusquisque, canat, oret,
saltem duo simul aut tres. Die Synode II. zu Orleans
(Can. 14.) befiehlt die Absetzung der Kleriker, qui officium
suum implere despiciunt, aut vice sua ad ecclesiam ve-
nire detrectant. Der heil. Gregorius Turon. erzählt eine
Geschichte, die großes Licht hier verbreiten kann. Qui-
dam Presbyter solitarius iter carpens, ad Hospitiolum
cujusdam pauperis Limanici mansionem expetiit; qua
accepta, *juxta morem sacerdotum*, nocte ab statu suo con-
surgens, orationi astitit. Die Worte: *juxta morem sacerdotum*, wolle man nicht unbedachtsam übergehen, sagt Tho=
massin, denn hieraus leitet sich der Beweis her, daß auch auf
der Reise jeder Kleriker verbunden war, sein Gebet zu ver=
richten. Um wie viel mehr waren daher auch Jene, welche
in der Stadt wohnten, und zu Hause bleiben mußten, ihr
Gebet nachzuholen verpflichtet! — Der heil. Benedict hat
auch in seiner Regula vorgeschrieben, daß, wenn seine Or=
denskinder sich vielleicht verschlafen hätten, und die Zeit der
Matutin schon vorüber wäre, sie das Officium, welches zu
der Stunde bestimmt sey, im Chor anfangen sollten; das
Uebrige aber jeder bei sich nachher bete. Wir übergehen
mehrere Beweise, und wollen nur noch aus unsern deutschen
Synoden Einiges, das für unsern Gegenstand spricht, aus=
heben.

2) Die Synode zu Aachen vom Jahre 803 und vom J.
816 bestimmen schon mit nachdrücklichen Worten die Ver=
bindlichkeit, das Officium zu beten: Nos vero, sagt die
Synode vom J. 803, bei Harzheim Tom. 1. Concil. Germ.

fol. 379, qui ab ipsis pene incunabulis a majoribus nostris eruditi, in eadem dispositione viximus, quidquid menti occurrit, quod negligentia prætermisit, emendatio supplere debebit; id est: ut omnes horæ canonicæ, tam ad nocturnas vigilias, quam ad diurnas horas, excepto completorio, antiphonis terminentur. So beſtraft auch die andere Synode Jene, welche nachläßig ihre Horas canonicas abbeten, oder einen Theil derſelben auslaſſen. Wir ſehen hieraus, daß die Väter dieſer Synode erſtens eine ſtrenge Verbindlichkeit anerkennen, das ganze Officium canonicum täglich zu verrichten; zweitens, daß ſie dieſe Verbindlichkeit als allgemein und ab ipsis pene incunabulis a majoribus eruditi, mithin von der erſten Chriſtenheit, immer beobach= tet, ohne allen Widerſpruch anerkannt wiſſen wollten. Und dieſe ſtrenge Pflicht beſchränkte ſich nicht allein auf das Chor, oder auf die öffentlichen kirchlichen Verſammlungen, ſondern auch jeder einzelne Kleriker, der dem Chor nicht beiwohnen konnte, mußte das tägliche Officium für ſich beten.

Et si longe ab ecclesia aliquis fuerit, ſagt die Synode zu Metz unter dem berühmten Chrodegand im J. 762, bei Harzheim Tom. I. fol. 105., ut ad opus Dei per ho= ras canonicas accurrere non possit, agat opus Dei cum tremore divino, ubi tunc fuerit.

Dieſe Verfügungen brachten die ſpäteren Synoden öfters in Erinnerung. Jene zu Münſter, gehalten 1279, ſagt sta= tuto III. bei Harzheim, Tom. III. Concil. fol. 645.: Item statuimus ut Clerici in divinis officiis constituti decenter et discrete se habeant.... et horas canonicas.... omni die nullus eorum dicere prætermittat. Ein ähnliches ver= ordnete die Synode zu Köln vom J. 1281, bei Harzheim am angez. Orte, fol. 659., auf welche ſich auch Van Eſpen beruft. Nullus horas canonicas et horas de Domina no= stra, ulla unquam die distincte et discrete dicere præter=

mittat, maxime qui est in sacris ordinibus constitutus. Die Synode von Camerich, im J. 1300, bestimmte ebenfalls Tom. 4to Concil. Germ. fol. 70. quod existens in sacris ordinibus, sive sit beneficiatus sive non, horas canonicas de die et b. Mariæ Virginis quotidie dicere non omittat. Die Synode zu Wurzburg 1298 setzte sogar noch hinzu, daß es ehrbarer schiene, wenn die Kleriker stehend ihr Officium andächtig verrichteten. Man kann nicht behaupten, daß diese vorgeschriebene Leibesstellung allein Jene angehen soll, welche dem Chor beiwohnen, indem hierüber schon ein früherer Canon entschieden hatte. Der Bischof hatte nach der Synode von Köln vom J. 1390 das Recht, Jene mit den canonischen Strafen zu belegen, welche nicht nur das Chor versäumten, sondern, quod deterius est, qui nec horas canonicas *legunt*. Unter den canonischen Strafen bezeichnet die Synode zu Worms im J. 1331, besonders die Suspension. Statuimus et ordinamus, et sub poena *suspensionis* ab officio omnibus et singulis præcipimus et mandamus; ut divinum officium horis debitis solemniter celebretur, et quilibet Canonicorum et Vicariorum suis diebus per se cantet et legat. Wir übergehen mehrere andere deutsche Synoden, welche einstimmig die Verbindlichkeit anerkennen, und setzen nur noch zum Beweis die Entscheidungen der Kirchenversammlungen von Basel und Trier hieher. Die zu Basel, worauf auch Van Espen seine Leser aufmerksam macht, sagt: Quoscunque benificiatos, seu in sacris constitutos, cum ad horas canonicas teneantur, admonet hæc Synodus, ut sive soli, sive associati, diurnum nocturnumque officium reverenter verbisque distinctis peragant. Allein umsichtiger und nachdrücklicher erklärte sich Jene zu Trier 1423, bei Harzheim Tom. V. fol. 224. : Attendentes, quod Clerici beneficiati, et in sacris constituti, ad immolandum sacrificium laudis, fructum labiorum suorum, vi-

delicet horas canonicas dicendum , in puritate conscien-
tiæ, et cum devotione, tenentur : quas sæpius , quód
dolentes referimus ; tam Religiosi, quam-sæculares per-
sonæ, sine advertentia legentes , atque syncopando, cele-
riter discurrentes , ulla disciplina tempore psallendi ser-
vata.... horis indebitis pensum suæ servitutis persolvunt.
Ne igitur transgressiones hujusmodi invalescant , sacri
appróbatione Concilii statuimus , ut in Cathedralibus et
regularibus Monasteriis , et collegiatis ecclesiis, Canonici
et Religiosi.... devote et per se.... singulas horas canonicas studeant adimplere .... cæteri vero Pastores, Vica-
rii et alii simplices competenti tempore , cum debita
animadvertentia et totali verborum expositione, horas canonicas legant , et divinum nocturnum sive diurnum
studiose celebrent et devote .... præcipientes omnibus et
singulis ecclesiarum prælatis, cæterisque, quorum inter-
est, ut omnium negligentia vel incuria relegatis circa
prædicta, vel præmissa reformanda et eorum singula
corrigenda, sollicitam curent diligentiam adhibere , non
obedientes per censuram ecclesiasticam, aut subtractionem
fructuum corrigendo.

Unfere Lefer werden bemerken, daß wir uns bis hieher
blos mit den Entfcheidungen der deutfchen Synoden befchäftig-
ten, theils weil diefe fur uns Deutfche befonders verbindende
Kraft haben, theils auch weil der gelehrte Thomaffin die
Reihenfolge der fpanifchen und franzöfifchen Koncilien über
diefen Gegenftand reichhaltend anführt. Allgemein war das
Gefetz, welches von den Klerikern forderte, daß fie das Officium täglich beteten, anerkannt worden, und wir dürfen
kühn jene Geiftlichen auffordern, welche fich in unfern Tagen
von diefer Verbindlichkeit losfagen wollen, uns einen römi-
fchen Pabft, oder einen Bifchof, oder eine klar entfcheidende

Erklärung einer Synode in der ganzen christlichen Welt für ihre Freiheit zu zeigen.

Diese allgemeine Verbindlichkeit hat auch keineswegs ihren Ursprung in der Willkühr eines einzelnen Bischofs, sondern ihr Grund liegt in der von den heil. Aposteln her in der ganzen Christenheit allgemeinen Beobachtung, welche von den römischen Päbsten selbst, als den Oberhirten der universalen Kirche, immer als Gesetz beachtet worden ist. Denn, da sie, als die ersten Vorsteher der öffentlichen kirchlichen Versammlungen, bald eine bessere Norm in dem Officium vorschreiben, bald dasselbe durch einige Zusätze vergrößern, setzen sie offenbar die Verbindlichkeit voraus, daß alle Kleriker, vel soli vel associati, entweder öffentlich im Chor oder zu Hause, ihre horas canonicas pünktlich und gewissenhaft abbeten müssen.

3) Als der heil. Damasus im J. 367 auf den römischen Stuhl erhoben worden, befahl er, daß, was schon an mehreren Orten im Gebrauche war, in allen Kirchen, Tags und Nachts von den Geistlichen, ab alternis, wechselnd, Psalmen gesungen, und am Ende eines jeden Psalmes beigesetzt werden sollte : Gloria Patri et Filio et Spiritui sancto : sicut etc.

4) Wie früherhin, so mochten auch noch wohl jetzt und weiter die Geistlichen täglich das ganze Psalterium beten: vom J. 423 aber, worin der heil. Cölestin dem heil. Petrus in der Würde folgte, ward es durch ein Dekret von Diesem in so weit geändert, daß nur einige der Psalmen in der Matutin, in den Laudibus u. s. w. sollten rezitirt werden. Da sehen wir also das tägliche Gebet der Geistlichen mehr zusammengedrängt.

5) Hatte auch der heil. Gelasius, Pabst im J. 492, eine Verordnung rücksichtlich der canonischen Tagzeiten erlassen.

6) Der im J. 592 wunderbar auf den päbstlichen Stuhl erhobene heil. Gregor der Große, führte den nun noch bestehenden, majestätischen Kirchengesang, der daher der Gregorianische heißt, ein, und berücksichtigend die Verordnung seiner Vorfahren, schrieb er vor, die Tagzeiten sollten mit dem ersten Verse des 69sten Psalms: Deus in adjutorium meum intende .... angefangen werden; und das Ganze von den Geistlichen täglich zu betende ward von ihm mehr zusammengedrängt, vermindert, abgekürzt, woher sich wohl das Breviarium a Clericis quotidie recitandum erklären mag. Diese Verordnung Gregor's I. erneuerte

7) Der heil. Gregor VII., welcher im J. 1073 Pabst wurde; er spricht dabei von den in dem Officium canonicum vorkommenden Psalmen, Lektionen .... so, wie sie noch jetzt der römische Ritus vorschreibt, beisetzend, in dieser Angabe wären sie schon von alten Zeiten her bekannt. Dasselbe setzet auch voraus

8) Gregor IX., der im J. 1241 als Pabst die Kirche Gottes regierte, in seiner Bulle an den zu seiner Zeit entstehenden Orden des heil. Franciskus. Der II. Theil des Kirchenrechtes: Decretales, ward auf seine Bestimmung von dem heil. Raymund de Pennafort herausgegeben. So hatte man die Verordnungen der vorigen Päbste auch auf diese Art neu wieder. Aber nicht nur Päbste einzeln, oder sich doch nur berufend auf den einen und andern ihrer Vorgänger, sondern auch

9) Das allgemeine Koncil von Trient gebietet S. 24. cap. 12. den Kanonikern der Domkirchen, den Namen Gottes ehrfurchtsvoll, deutlich und andächtig in Hymnen und Gesängen zu loben; und bestimmt S. 25. Decreto de ind. Librorum et Catechis. *Breviario* et Missali, es solle das Brevier auch übrigens, für die ganze Geistlichkeit, die Art es zu beten, von Neuem wieder geordnet werden.

10) Der gleich nach diesem Koncil zum Stellvertreter Jesu gewählte heil. Pius V. ließ nun, der von seinem unmittelbaren Vorgänger Pius IV. und dem unter diesem geschlossenen erwähnten Koncil gegebenen Verordnung gemäß, das Brevier einrichten, worauf es dann bald durch die kurz vorher erfundene Kunst gedruckt erschien. Der Gehalt der darüber von ihm ausgefertigten Bulle: *Quod a nobis* ... data Romæ septimo idus Julii (den 9ten Juli) anno 1568, ist im Kurzen:

a) Die Ursache der Ausgabe dieses Breviers, nämlich zu heben die Verschiedenheit im Beten desselben, die bis dahin in den Lauden sich mehr ausgedehnt hatte;

b) was in der Sache schon geleistet von Paulus und Pius, unter diesem Namen die IVten, und wie er selbst sich in der Hinsicht bemühet habe nach dem Dekrete des Konzils von Trient;

c) wird gänzlich gestrichen, verworfen das von dem Kardinale S. Crucis zusammengesetzte Brevier, weil es zu kurz, — auch andere, römische und sonstige, welche aus einem Privilegium oder einer Gewohnheit sich nicht auf 200 Jahre der Vorzeit erweisen;

d) die älter als 200 Jahre, können zu diesem neuen umgeformt werden mit Zustimmung des Bischofs und Kapitels;

e) werden alle Gewohnheiten, Satzungen, Privilegien hinsichtlich der erwähnten verworfenen Breviere widerrufen. Der heil. Pabst Pius befiehlt,

f) dieses neue Brevier solle auf der ganzen Erde beobachtet werden, mit Ausnahme der schon über 200 Jahre bestehenden andern, wovon oben c);

g) setzet er fest, nichts solle darin verändert, zugesetzt oder weggenommen werden; verbindet

h) Alle, welche die canonischen Tagzeiten zu beten schuldig sind, Geistliche (zu welchen schon in den ersten Jahrhunderten die Subdiakonen gehörten) nach diesem Brevier zu beten": anders würden sie ihrer Pflicht nicht genug thun; befiehlt

i) allen Pälaten, Bischöfen, es einzuführen sowohl im Chor als auffer demselben.

11) Was der heil. Pius hier bestimmte, das bestätigen Clemens VIII., constitutione : *Cum in ecclesia*, data Romæ die 10ma Maji a. 1602 ; Urban VIII. constitutione : *Divinam Psalmodiam*, data Romæ die 15ta Januarii, a. 1631. Dieser Urban beruft sich zugleich auf Clemens. So beruft sich auch

12) Auf diese und andere seiner Vorgänger, voraussetzend die Verbindlichkeit der Geistlichen zum Beten des Breviers, Pius VI., in constitutione : *Religiosos*... data Romæ die 6ta sept. 1785. Und gewiß setzet diese Verbindlichkeit Pius VII. schon dadurch voraus, daß er den vorigen schon lange und länger im Brevier enthaltenen Festen noch neue beifügt; z. B. das, welches den 24sten Mai, zur Ehre der Mutter Gottes, unter dem Titel : Auxilium Christanorum, gefeiert werden sollte. Wollte ich

13) Von den durch die Vorgänger des gegenwärtigen Pius angeordneten Festen insbesondere reden : wie viele der Päbste würde ich dann noch nennen müssen? Alexander VII., der von 1655 bis 1667 ; und Innozenz XI. der von 1667 bis 1689 regierte, könnten hier indeß noch deßwegen als Probe dienen, weil sie mehrere Sätze, die man gegen die Pflicht, das Brevier zu beten, geltend machen wollte, verdammten und verwarfen.

14) Werden mehrere dieser päbstlichen Verordnungen in corpore juris canonici erwähnt, ausführlich angesetzt, und cap. *Dolentes referimus*, wird in virtute S. obedientiæ befohlen, die kanonischen Tagzeiten fleißig und andächtig, studiose et devote, zu beten. So brauchte ich dann

15) zum Beweise einer schwer verbindenden Pflicht hin=
sichtlich des fraglichen Gegenstandes, nicht einmal zu nennen
die von der Kirche den Ungehorsamen bestimmten Strafen;
also auch nicht die constitut. Benedicti XIV.: *Cum semper* — daß sie z. B. die Früchte aus dem Beneficium nicht
ziehen, und die gezogenen nicht rechtlich behalten können:
« fructus non faciant suos.« Die Worte aber womit die er=
wähnten pabstlichen Bullen schließen, setze ich indeß

16) gerne bei : « Nulli ergo omnino hominum liceat,
hanc paginam .... infringere, vel ei ausu temerario con-
traire. Si quis autem hoc attentare præsumserit, indig-
nationem omnipotentis Dei et beatorum Petri et Pauli,
Apostolorum ejus, se noverit incursurum.« Doch deut=
lich genug ausgedruckt von der gesetzgebenden Macht, daß
sie sub peccato mortali verbinden wolle, verbinde! In die
Ungnade Gottes und seiner Apostel fällt man doch nur durch
Nichtbeobachtung der sub gravi peccato verbindenden Gesetze!
Wenn wir nach Jesus heiliger Lehre, Mark. XII, 17,
Matth. XXII, 21; und nach seiner heiligen Apostel Aus=
drücke, I. Pet. II, 18, Ephes. VI, 5, den weltlichen Obrig=
keiten gehorchen müssen: sollten wir dieß vielmehr nicht un=
sern geistlichen Obern schuldig seyn? Daß ich in dieser Be=
hauptung nicht irre, dafur burget mir

17) eine unzählige Menge Theologen und Kanonisten,
ja Alle, welche als Professoren der Theologie und des Kir=
chenrechtes, oder als Verfasser zu diesem Gegenstande gehöriger
Werke, berühmt sind. Den Einen und Andern anzuführen,
wird wohl hinlangen.

a) Der als Theolog und Kanonist rühmlichst bekannte
P. Schenkl behauptet, Part. II. de jur. eccles. §. 424. :
« Subdiaconus, prætérea *obligatus* ... 3, ad horas canonicas
in dies recitandas; » und §. 434. : « Clerici status sui
officia sedulo et accurate exsequantur, scilicet, studiose

decenter, devote divinum officium celebrent, horas canonicas persolvant.·... Mit dieſem ſtimmt überein

_&_ b) Dr. Ferdinand Walter, Profeſſor zu Bonn, welcher
in ſeinem Lehrbuche des Kirchenrechts (Bonn 1822. S. 220),
unter den vornehmſten Pflichten des Geiſtlichen das Brevier=
beten zählet. „Sie ſind zu gewiſſen regelmäßigen Gebeten
(horæ canonicæ) verpflichtet, welche aus den regelmäßigen
öffentlichen Andachtsübungen der früheren Zeit entſtanden
ſind.“ Dieſe und alle echte Theologen und Kanoniſten leh=
ren einſtimmig, die Welt= und Ordensgeiſtlichen, Jene ſobald
ſie Subdiakonen, Dieſe vom Augenblicke, wo ſie die Profeſ=
ſion abgelegt haben, auch alle Benefiziaten von der Zeit,
in der ihnen das Benefizium gegeben, hätten ſie auch nur die
Tonſur, ſeyen zum Beten des Breviers, wozu auch in festo
S. Marci und tribus feriis Rogationum die Lytaniæ majores de omnibus Sanctis, cum versibus et orationibus
adjunctis, in commemoratione omnium fidelium defunctorum das Officium Defunctorum, trium Lectionum cum
Laudibus gehören; sub peccato mortali nicht nur im
Ganzen, ſondern auch hinſichtlich eines jeden beträchtlichen
Theiles verbunden. Dafür bürget mir auch

18) die Zuſtimmung aller rechtſchaffenen Geiſtlichen; und
es iſt nicht einmal nöthig ihre Worte darüber zu vernehmen,
da ihre Sorgfalt das Brevier zu beten, ihre Unruhe bei eintretenden Hinderniſſen zur Zeit, in der ſie es zu beten pflegen,
genügende Bürgſchaft leiſten von ihrer innern Ueberzeugung,
daß ſie dazu ſtreng verpflichtet ſeyen; ja

19) darf ich ſagen, iſt kaum einer der gemeinen Laien,
der nicht wüßte, daß der Geiſtliche ſein Brevir beten muſſe.
Sogar wiſſen das

20) viele der Nichtkatholiken. Ein Verwalter auf einem
adelichen Hauſe im Münſterlande, welcher für die benach=
barte katholiſche Gemeinde einen Geiſtlichen im Hoſpitz ha=

ben mußte, entfernte denſelben, ſobald er ſich überzeugt hatte, daß er das Brevier nicht betete, mit den Worten: „Einem pflichtvergeſſenen Manne könnte er nicht trauen; er würde für ſeinen Herrn wohl einen braven Geiſtlichen finden."

Aus dem Geſagten gehet nun hervor, daß in dem fraglichen Gegenſtande nicht nur eine Geſetzkraft habende Gewohnheit von den erſten Zeiten der Kirche an eintritt: ſondern auch zugleich ein mehrere Male bis auf unſere Tage erneuertes poſitives Geſetz der legitimen Obrigkeit vorhanden iſt: ſomit konnte und kann keine Consuetudo-contraria (auch ange= nommen, die andern in dieſem Falle nach dem Kirchenrechte erforderlichen Bedingungen wären da: die indeß hier alle noch weit fehlen) für das Gegentheil angeführt worden. Man kann es mir daher nicht verübeln, wenn ich ſage, daß Kei= ner derjenigen, die das Brevier nicht beten (eine aus wichti= gen Gründen von der Obrigkeit erhaltene Diſpenſe macht hier Ausnahme) ſich das Prädikat moraliſcher Güte zueignen könne. So Einer erkennt hier entweder die Pflicht, — oder nicht: im erſten Falle liegt das Unmoraliſche deutlich vor Augen; und im andern iſt es kraſſe Unwiſſenheit, alſo an Im= moralität wieder nicht zu zweifeln. Zwar ſuchen ſie ſich, we= nigſtens vor der Welt zu entſchuldigen:

a) ſagt Einer: Die Päbſte, welche das Geſetz vom Brevier gaben, waren meiſtens Kloſtergeiſtliche, und brachten ſo die Gewohnheit des Kloſters mit, welche ſie dann als Geſetz auf die ganze Kirche ausdehnten. — Allein wir haben bewieſen, daß nicht nur die Kloſtergeiſtlichen, ſondern auch jeder Pri= vatkleriker dieſe Vorſchrift beobachtet habe: geſetzt aber auch, dieſe Verbindlichkeit rühre urſprünglich aus dem Kloſterleben her; ſo wird den jetzigen Geiſtlichen keine Losſagung von dieſer Verbindlichkeit geſtattet: denn es fragt ſich hier nicht ſo ſehr, wie dieſe Verbindlichkeit entſtanden ſey, als ob Eine wirklich da ſey. Wir haben ſogar in unſerer katholi=

schen Kirche einige Gebräuche, die von den Juden ursprüng-
lich herkommen, und doch streng verbindlich; sind.

b) Andere geben vor, die Tagzeiten wären nur für das
Chor: ich sollte aber glauben, daß ich auch ihnen schon vorher
geantwortet habe. Das Absingen derselben geschah freilich im Chore, und ward von den ersten Zeiten an, von Weltgeistlichen, in allen Dom= und Stiftskirchen täglich, auch in
vielen Pfarrkirchen, wo mehrere Geistliche waren, wenigst an
Sonn= und Festtagen, und von der Entstehung der Ordens-
leute an, auch von diesen täglich beobachtet, bis auf unsere
Tage, worin der gierige Poltergeist der Zeit viele geistliche
Korporationen mit Heißhunger verschlang: allein Alle, welche
(wenn sie auch nur eine der höheren Weihen, oder ein Beneficium
erhalten, oder Profession abgelegt hatten), dem Chore einmal
nicht beiwohnten, oder doch davon ausgenommen waren, wie
die einzeln oder doch nur mit einem oder andern wohnenden,
oder zum Chore nicht verpflichteten Weltgeistlichen, mußten
die Tagzeiten privat beten; wie, wenn auch die hier von
ersten Zeiten her sprechende Gewohnheit nicht entscheiden soll,
aus der N.° 12 angeführten, auf das Koncil von Trient
sich berufenden Konstitution, Pius V. besonders aus i), —
und den folgenden Nummern 13 — 20 folgt. Andere sagen,

c) sie könnten das Brevierbeten mit ihren Pfarrgeschäften
nicht vereinigen.

Wie die gütige Mutter, die Kirche, Den nicht zu den
Tagzeiten verbindet, welchem das Beten derselben, wegen
Krankheit unmöglich ist, so auch nicht Den, welchem dringende Pfarrgeschäfte Das unmöglich machen. Indeß: Eine
überaus große Freude ist es mir, — sagte mir ein ehrwürdiger Pfarrer, der in einer großen Gemeinde nur einen Ge-
hülfen hatte, und in der Seelsorge grau geworden war, —
daß ich mich nie zum Auslassen des Breviers entschloß, wenn
auch meine Pfarrgeschäfte noch so sehr sich anhäuften. Hirt=

V. Band.

licher Eifer und gründliche Wiſſenſchaft gehören zu den
Charakteizügen dieſes Mannes. Wie viel weniger werden
ſich dann

d) Diejenigen entſchuldigt halten können, welche Höflich=
keits halber, z. B., weil Fremde gegenwärtig ſind, die
kanoniſchen Tagzeiten unterlaſſen? Dieſe mögen ſich an das:
Si hominibus placerem etc. des heil. Paulus. — Wie aber
wenn

e) Einer keine Andacht bei dieſem Gebete findet? Mit
ſolcher Entſchuldigung könnte man ſich von dem Gebete über=
haupt losſagen. — Uebrigens dürften wohl Jene, welche dieſe
Einwendungen vorbringen, auch anderweitig nicht die eifrig=
ſten Männer des Gebetes ſeyn. Man wolle nur mit Ein=
falt und Aufrichtigkeit beten, und die Andacht wird ſicher
nicht ausbleiben. *)

7. Das Brevierbeten, freilich wenn es geſchieht, wie es ge=
ſchehen ſoll, iſt eine in verſchiedenen, ja allen Hauptzweigen
ſich erweiſende Ausübung des Gebots der Liebe zu Gott, zu
ſich und den Nebenmenſchen; des Hauptgebotes, nach Chri=
ſtus heiliger Lehre, Matth. XXII, 39., dieſer erſten der Tu=
genden, dieſer Quelle alles hieſigen und einſtigen Glückes;
es iſt ein Glaubens = Bekenntniß, nicht nur allein von der
allerheiligſten Dreieinigkeit, der Menſchwerdung des Sohnes,
der Verehrung der Heiligen, des Reinigungsortes, des Nu=
tzens des Gebetes für die Verſtorbenen, ſondern durchaus
aller Wahrheiten unſers heil. Glaubens; täglich, oder doch
durch die im Jahre angeordneten Feſte : der Geburt, des
Leidens, der Auferſtehung, der Himmelfahrt Jeſu, der An=
kunft des heil. Geiſtes über die Apoſtel ꝛc. Es iſt durch das

_____

*) Zwar weiß man wohl, daß das römiſche Brevier kleine Män=
gel hat; allein es hat auch ſeine Vorzüge : und wo wird der
Gebetſcheue nicht Mängel finden?

Beiſpiel der Heiligen eine immerwährende Aufmunterung zur Tugend ꝛc.

' Unverkennbar iſt zu dieſem Zwecke das Brevier. Die Pſalmen, die Hymnen, die Cantika, die Lektionen, die Reſponſorien, die Verſe, die Antiphonen, die Collekten — Alles zielet dahin. Und da das Ganze aus den heil. Schriften des alten und neuen Teſtamentes entweder gerade, wie es darin vorkommt, in größeren oder kleineren Bruchſtücken genommen, oder doch aus dem nach der heil. Schrift eingerichteten Leben der Heiligen, — ſo ſpiegeln ſich die Offenbarungen, die Erbarmungen Gottes in den von den Geiſtlichen zu betenden Tagzeiten wieder und wieder; die Wahrheiten der heil. Religion werden für und für dem Geiſtlichen ans Herz gelegt. Oder welche Tugend findet im Breviere nicht ihr Lob? welcher Glaubensſatz findet nicht eben daſelbſt einen Beweis? Wenn man von mir forderte, die katholiſchen Wahrheiten aus dieſer Quelle zu beweiſen: wirklich mir würde nicht bangen, da ich völlig überzeugt bin, daß ich wenigſt den einen und andern Text für den jedesmaligen Satz würde anführen können. Und einige Feſte ſprechen ja wie ganz von dem Geheimniſſe, das der Gegenſtand der Feier iſt. Ich darf hier nur hinweiſen auf das Officium sanctissimi Sacramenti, das vom heil. Thomas von Aquin verfaßt und von der Kirche vorgeſchrieben iſt: wie zeigt uns darin beinahe jedes Wort den Glauben an die wahre Gegenwart Jeſu in dem allerheiligſten Sakrament, an das heil. Meßopfer? wie entflammt es den Betenden zum Vertrauen, zur Liebe des Gütigſten, Liebevollſten! oder man betrachte auch nur die Hymnen: Jesu Redemtor omnium....; Ibant Magi, quam viderant...; Ad regias Agni dapes...; Salutis humanæ sator...; Veni creator Spiritus...; Jam sol recedit igneus...; Pange lingua gloriosi...; Ave maris stella...; Te splendor et virtus Patris...; Exultet orbis gaudiis...; Deus tuorum militum...; Sanctorum meritis inclyta gaudia...; Iste confessor...; Jesu corona virginum...; Fortem virili pectore... weiſen ſie nicht auf die Wahrheiten des Glaubens und die Regeln der Sittlichkeit hin? Wie dieſes aus dem von mir gewählten Officium de Confessoribus ſich ergibt, ſo verhält es ſich mit jedem andern. Es mag ein proprium ſeyn, oder ein de communi Apostolorum, Martyrum... ſo wird man den Glaubensſatz, das Geheimniß, oder die Tugenden der h. Maria, der Engel, der Apoſtel, Martyrer, Beichtiger, Jungfrauen, Wittwen gewahren.

Daß die ganze heil. Schrift wörtlich im Breviere enthalten iſt, ſage ich freilich nicht : indeß, daß dieſes ein Compendium von Jener ſey, wird Der, welcher die Bibel und die Tagzeiten kennet, nicht läugnen. — Die Pſalmen und Cantika kommen doch, die Ferien mitgerechnet, im Jahre alle vor; das heil. Evangelium in der Erpoſition der Väter auch beinahe ganz; wie auch die Geſchichte und die Briefe der Apoſtel, die Propheten, und bald alle Bücher des alten Teſtamentes.

So ſieht der betende Geiſtliche die ganze Geſchichte der Religion : den Fall des Menſchen, die Erlöſung des Menſchen vorhergeſagt oft, ſehr oft, wirklich dieſe erfüllet ; er ſieht die Vereinigung aller Bücher der heil. Schrift in Einem, in Jeſus ; er ſieht, nach dem Worte des gelehrten und ehrwürdigen Hrn. Sailer zu reden, die Erbarmungen Gottes, den Menſchen durch Chriſtus ſelig zu machen.

Auch iſt das Brevier zugleich ein Mittel, den Geiſtlichen in die heil. Schrift einzuweihen, ihm dieſelbe geläufig zu machen, damit er ſelbſt Leben daraus ziehe, und Andere aus dieſer göttlichen Quelle nähren, ſtärken könne. Da hätten wir einen Zweck, woraus die Kirche daſſelbe ſo ordnete, und dem Geiſtlichen zu beten vorſchreibt. Nach der Lehre Jeſus

Luk. XVIII, 1, und seines Apostels I. Theſſal. V, 17, ſollen wir alle einhellig ohne Unterlaß beten; wie vielmehr denn
wir Geiſtliche? Die Gebete ſind ja, wie der erwähnte Herr
Mich. Sailer ſich ausdrückt, die Reiſerchen, welche wir immer wieder aufs Herz legen ſollen, damit die, in dieſem
flammende, Liebe zu Gott nicht erlöſche; das Gebet iſt ja
eine Unterhaltung des Menſchen mit Gott ſeinem Schöpfer,
Herrn, innigſten Freunde; und es kann des Menſchen Seele
ohne dieſe Unterhaltung mit Gott eben ſo wenig geſund,
ſtark ſeyn, leben, als der Leib ohne Speiſe und Trank. Wie
ſollte denn dieſes nicht vielmehr Sache ſeyn müſſen für Den,
welcher auf eine beſondere Art Gott geweihet, dieſem voll-
kommenſten Geiſte ſich immer mehr verähnlichen, ſeinen Geiſt;
und die Seelen, den Geiſt Anderer zu Jenem führen; Der
ſo eigentlich dem Geiſte nach leben, deſſen Wandel dem Geiſte
nach im Himmel ſeyn ſoll, gemäß der Lehre und des Bei-
ſpieles der Apoſtel: Röm. VIII, 4, 5; XII, 11, 12; Phi-
lip. III, 20; Koloſſ. III, 2; wie auch das Wort Geiſt-
lich ſchon andeutet?

Der trieriſche Biſchof Nicetius beſchrieb im ſechsten
Jahrhunderte den wichtigen Inhalt des Breviers und beſonders der Pſalmen ſo kraftvoll, daß wir nicht umhin können,
deſſen Worte hier beizufügen. «Quid in hoc officio, in his
psalmis non invenies, quod faciat ad utilitatem et ædificationem, ad consolationem humani generis, conditionis, sexus, ætatis? Habet infans quid lacteat, puer quid
laudet, adolescens quid corrigat viam; juvenis quid se-
quatur, senior quid precetur. Discit femina pudicitiam,
pupilli inveniunt patrem, viduæ judicem, pauperes per-
spectorem, advenæ custodem. Audiant reges judicésque
quid timeant: Psalmus tristes consolatur, lætos tempe-
rat, iratos mitigat, pauperes recreat, divites ut se ag-
noscant, admonet, et ne superbiant, increpat, omnibus

omnino suscipientibus se aptam medicinam contribuit. Psalmus, nec peccatores dispicit, sed remedium eis per pœnitentiam lacrymosam salubriter ingerit. Dominus itaque Deus noster per David servum confecit potionem, quæ dulcis esset gustu per cantationem et efficax ad curanda vulnera peccatorum per suam virtutem : suaviter enim Psalmus auditur, dum canitur; penetrat animum, dum delectat: facile Psalmi memoria retinentur, si frequenter psallantur; et quod legis austeritas ab humanis mentibus extorquere non poterat, hi per dulcedinem cantionis excludunt. Nam quidquid Prophetæ, quidquid evangelia ipsa præcipiunt, in his carminibus suavi meditantium dulcedine continetur.»

, «Deus ostenditur, ut timeatur, simulacra ridentur, justitia ingeritur, iniquitas prohibetur, misericordia laudatur, incredulitas abdicatur, veritas requiritur, mendacia damnantur, dolus accusatur, innocentia collaudatur, superbia dejicitur, humilitas sublimatur, pœnitentia prædicatur, pax sequenda depromitur. Contra inimicos protectio postulatur, vindicta promittitur, spes certa nutritur, et quod his est omnibus excellentius, in psalmis Christi sacramenta cantantur. Nam et generatio ejus exprimitur, et rejectio piebis impiæ et gentium hæreditas nominatur, virtutes Domini cantantur, passio veneranda depingitur, resurrectio gloriosa monstratur, sedes quoque ad dexteram mirabiliter delineatur. Deinde igneus Domini manifestatur adventus, terribile de vivis et mortuis judicium panditur. Quid plura? Etiam, Spiritus creantis emissio et terræ renovatio revelatur, post quæ erit in gloria Domini sempiternum justorum regnum, peccatorum perenne supplicium. Hæc sunt cantica Dei, quæ canit ecclesia Dei. Hæc sunt quæ hic noster conventus sono etiam vocis exercet, hæc non solum can-

torem non refolvunt, sed potius stringunt.» — So der
Bischof N i c e t i u s bei Achery Specileg. Tom. III. pag. 8.

Durch das mündliche Beten des Breviers gibt der Geistliche seinem immer anhaltenden Gebete durch Werke : d. i.,
andern Geschäften seines Berufes, Studiren, neue Kraft,
neuen Schwung, legt durch jede der Tagzeiten neue Reiser-
chen zur Nahrung der Flamme der Liebe zu Gott auf sein
Herz, wie wir natürliches Feuer auch durch öfteres Hinzu-
legen brennbarer Materie, oder durch eine große Quantität
dieser auf einmal, anhaltend machen : ein anderer Zweck,
woraus die heil. Kirche das Brevier den Geistlichen zur
Pflicht macht.

Freilich könnte der Geistliche die ihm so nöthige Kenntniß der heil. Schrift durch Lesen derselben sich erwerben,
könnte durch selbst gewählte andere Gebete die Andacht, die
Liebe zu Gott fordern, immer mehr entflammen : allein, wenn
die Kirche um jene Zwecke desto kraftvoller, allgemeiner zu
erreichen, ein bestimmtes Gebet vorschreibt, wie wir aus
dem Gesagten wissen, so kann der Geistliche sich von diesem
nicht lossagen, wenn er auch übrigens noch so fleißig die
Bibel läse und betete : der brave Geistliche betet sein Brevier gewissenhaft, erfüllet seine übrigen Pflichten gewissenhaft,
liest dazu gerne noch täglich, wenn es geschehen kann, die
Bibel, sollte es auch nur das eine und andere Kapitel seyn,
betet des Morgens, des Abends und sonst, dieses, jenes, selbst
gewählte Gebet :

Wäre das Brevier keine Pflicht, das Lesen der heil.
Schrift, das Beten Jenes der Willkühr der Geistlichen von
der heil. Kirche überlassen : o wie Manche würden sich finden, die Beides, wie es seyn muß, nicht erfüllten ! Darf
ich hier auf Erfahrung hinweisen, so sieht man, wie gesagt,
daß die Feinde des Breviers keine Freunde eines andern
Gebetes sind : oder wie erklärt es sich, das solche, wenn sie

die heil. Meſſe leſen, ohne Vorbereitung den Altar betreten,
vor demſelben beinahe durch jede einzelne Handlung den Wunſch
verrathen, ihn ſchleunigſt wieder verlaſſen zu können; keine
Dankſagung verrichten; in andern geiſtlichen Dienſten nur
das Geſchwinde ſich zur Regel gemacht haben; bei luſtigen
Geſellſchaften aber ſich gerne oft und lange einfinden — überhaupt durch ihr laues, gleichgültiges, ärgerliches Betragen
Mehr niederreißen, als aufbauen? Der Leib, den die Speiſe
anekelt, zeigt Spuren der Krankheit; ſollte die Seele, welche
keinen Geſchmack am Gebete findet, wohl der Geſundheitsfülle
ſich zu erfreuen haben?

Aber, wenn das Brevier in deutſcher Sprache wäre,
da könnte man es andächtiger beten? Mag ſeyn bei Dieſem
und Dem, welcher unbewandert im Latein iſt: der Geiſtliche
ſoll aber doch die lateiniſche Sprache verſtehen? und dann
hat die Kirche für das lateiniſche Brevier ohnehin wichtige
Gründe. Als todte, und an feſte Regeln gebundene Sprache,
iſt ſie gar keiner Veränderung unterworfen; ſomit die paſſend-
ſte, das unveränderliche Wort Gottes mitzutheilen; lateiniſche
Aufſätze aus den älteſten Zeiten gefallen noch immer: die
deutſche Sprache iſt hingegen mit jedem Jahrzehend eine
andere. Es müßten alſo oft, ſehr oft die Breviere umgearbeitet
werden, wenn ſie dem Betenden auch des Ausdruckes wegen
gefallen ſollten, dafern man nicht häufige Klagen über das
alte, elende Deutſch hören wollte. Die neuen, und wieder
neuen Gebetbücher für die Laien erproben dieſes. Was würden Einige der jüngen Herren, die in den univerſitätiſchen
Vorleſungen ſo ſchönes Deutſch hörten; ſagen, wenn man
ihnen ein Brevier darreichte, das mit zopfthümlicher Deutſch-
heit ihnen zuredete! Verſteht auch der betende Geiſtliche den
lateiniſchen Ausdruck nicht jedesmal, ja würde es ihm gewöhnlich ſchwer, ſo kann das hier durch ſeine gute Meinung erſetzt werden; —

Zwar kommt in der Legende der Heiligen hier und da wohl Etwas vor, dessen historische Gewißheit nicht erwiesen werden kann, das die Kritik nicht ganz aushält, z. B., vom heil. Pabste Marzellinus, daß er aus Furcht vor den Martern den Götzen geopfert, feierlich sein Vergehen bereuet, bekannt, und herrlich die Marter für den Glauben an Jesus überstanden habe. Dieß sind indeß nur Umstände, die das Hauptfaktum, wie hier das siegende Ausharren in der Mar= ter, nicht umstoßen; finden sich nur selten, und geben sich aus Mangel an hinlängend kritischer Kenntniß jener Privat= leute, welche das Leben des fraglichen Heiligen beschrieben, wie eines Isidorus Mercator, von dem, als einem in der Hinsicht berüchtigten, das jus canonicum spricht; sind so= mit auch keine Zuschiebsel, welche der Essenz des Gläubens zu nahe treten. Eine neue Auflage des Breviers würde so Etwas entfernen; und wünscht man Diese, daher, oder auch sonst, eine etwa andere Einrichtung, so trage man auf dem gehörigen Wege deßhalb bei der geistlichen Obrigkeit an: bete aber, bis ein neues Brevier da ist, das alte auch dann, wenn man weniger Andacht dabei verspüren sollte; bete, weil es die legitime Obrigkeit als streng verbindende Pflicht aufgelegt hat, also aus Gehorsam, der besser ist als Brand= opfer : « Melior est enim obedientia, quam victimæ. I. Reg. XV, 22. Eccles. I, 17. »

F. C. S.

Timotheus, eine Zeitschrift zur Beförderung der Religion und Humanität. 1ster Band S. 394 in 8. — 2ter Band S. 404. — 3ter Band 1stes Heft. Straßburg, gedruckt bei Joh. Heinrich Heiß 1821 u. 1822.

, Diese Zeitschrift zeichnet sich vor vielen andern, welche aus der Feder protestantischer Gelehrten kommen, vorzüglich durch ihr unverkennbares Streben, und den sich durchaus gleichbleibenden löblichen Eifer aus, dem Verfalle der Sittlichkeit und Religiosität entgegen zu arbeiten. Diese schöne Absicht ist auch in der Einleitung, überschrieben: „Religion und Humanität," zweckmäßig entwickelt. In dem folgenden Aufsatze: „Ueber Wesen und Darstellung der Religion," heißt es S. 10 sehr schön: „Drei Zeugen in mir, Gemüth, Verstand und Gewissen, enthüllen das Wesen der Religion." Der ganze Aufsatz, die S. 20 vorkommende kirchliche Lehre abgerechnet, welche nur zwei Sakramente, die Taufe und das Abendmahl annimmt, enthält viel Wahres und Schönes. Nun folgt die Geschichte der Entstehung der Waldenser. Ueber die Darstellung derselben, welche natürlich der Ansicht der Kirche des Verf. gemäß gestaltet ist, bemerken wir nur so viel: daß er die Verdienste der Päbste jener Zeiten in Hinsicht ihrer Bemühungen, um die bessere Bildung des ganzen Abendlandes, dessen Einwohner, vorzüglich die höheren Stände, wilde und rohe Barbaren waren, viel zu niedrig anschlägt. Es ist vollends ungerechtes Urtheil, wenn den Päbsten die allgemeine Barbarei und das Sittenverderbniß zur Last gelegt wird. Wer war denn Schuld an dem noch viel verworfnern Charakter und dem schändlichen Zustande des Morgenlandes, dessen bamalige Geschichte eine Kette von Bosheit, Unmenschlichkeit, Meineid, Falschheit, Treulosigkeit und widrigster Hudelei ift *)? Konnte das Oberhaupt der abendländischen Kirche mehr thun, um der rohen und wilden Sitte sowohl der weltlichen als geistlichen Stände Schranken zu setzen? Unparteiische Geschichtforscher unter den Protestanten, z. B. Heeren, und Andere, urtheilen ganz anders über die Päbste jener Zeit. Ohne ihre Opposition und coercitiven Maßregeln gegen die so willkührliche als harte Gewalt der weltlichen Machthaber, wurde der schreckliche Zustand der Schwächern noch weit trauriger gewesen seyn. Daß der geistliche Stand hinter der Verdorbenheit des weltlichen nicht zurückblieb, war ohne Wunder nicht wohl anders zu erwarten. Der Pabst blieb dabei nicht gleichgültig, das beweisen seine Verordnungen gegen das ärgerliche Leben dieses Standes. Der heil. Bernard würde, wenn der Pabst als gleichgültiger Zuschauer des sittenlosen Wandels der Geistlichkeit angesehen worden wäre, nicht jene Betrachtungen voll Freimüthigkeit und Wahrheit seinem Zöglinge Eugenius übergeben haben. Und gewiß kannte er den Zustand der Kirche besser, als ein Peter Waldo, und ähnliche Menschen dieses Schlages, und dennoch war er weit entfernt, neue Meinungen, Trennungen von der Kirche, und andere eigenmächtige Gewaltschritte zur Erneuerung der Kirchenordnung und Wiederherstellung der Sitten der Geistlichkeit, nothwendig zu finden. Nur Leidenschaft, Sonderbarkeit und Schwärmergeist verleiteten von jeher zu solchen Unternehmungen. Scheinheiliger Eifer, affectirte Weltverachtung und äußere Strenge mußten als Lockmittel für wankelmüthige Schwindelköpfe in Thätigkeit gesetzt werden. Wie weit der heil. Bernard über sein Zeitalter und über die folgenden hervorragte, beweiset sein lautes und wieder-

---

*) Beim Weiterlesen trafen wir im vierten und fünften Hefte S. 231 u. 290 auf dieselbe Erklärung und Bestätigung des oben Gesagten.

holtes Mißbilligen der gewaltsamen Ketzerverfolgungen. —
S. 49 folgt der Aufsatz: „Die Stiftung der christlichen Kirche,
durch den göttlichen Geist. Eine Pfingstbetrachtung." Auch
dieser Absatz enthält viel Schönes!; doch können wir die S. 57
angedeutete unsichtbare Kirche nicht so gedenkbar finden, wie
sie heutiges Tages wieder neuerdings zur Sprache gebracht
wird. Eben so einseitig und einer besondern Schule zuge=
hörig erkennen wir S. 59 die Behauptung, daß „aus des
Mittelalters grauen Nächten, wo Sittenlosigkeit und Prie=
stergewalt, Despotismus und Aberglaube das reine
Evangelium zu verschlingen droheten, eine segensvolle Kir=
chenverbesserung hervorgegangen sey." — Verschiedene
Wege führen zum Ziele. Eine Allegorie. Schon der
Titel spricht den Inhalt dieses Aufsatzes aus. — Heft 2.
S. 73. Ueber die Fortbildung der Religionskennt=
niß. Was die meisten Protestanten unter dieser Fortbildung
verstehen, ist bekannt; und wohin dieselbe unter den Händen
der Aufklärer die christliche Religion gebracht habe, ist nicht
minder bekannt. Der Katholik hat sein unverändertes Glau=
benssystem, dessen Erweiterung und Fruchtbarer = und Wirk=
samermachung ihm Stoff genug zur Fortbildung in der
Religiosität gibt. In so fern ist die Religionswissenschaft
ihm eine unerschöpfliche Quelle zur Bildung eines Gott ähn=
lichen Sinnes. Was der Verf. S. 79 sagt, daß wer die Re=
ligion zum bloßen Verstandesglauben machen, und Alles
durchschauen und begreifen wolle, vom Wahnglauben zum
Unglauben gelange, der dem Herzen seine Ruhe und seinen
Trost raube, dieß ist traurige Wahrheit, bestätigt durch die
ungezügelte Zweifelsucht, zu welcher unmittelbar der Grundsatz
der Jedem zuständigen freien Prüfung der Glaubenslehren
führen muß. Was hier vom blinden und vernünftigen
Glauben gesagt wird, ist, recht genommen, bloßes Wortge=
menge. Der vom Wissensdünkel nicht tyrannisirte Christ, wel=

cher den Lehren seiner Kirche gläubig und gewissenhaft nach=
kommt, ist ein gottgefälliges Glied seines Reiches, und das
Menschenurtheil, er sey ein blindgläubiger Nachbeter der
Lehrvorträge eines Andern, verringert nicht im Geringsten sei=
nen Werth in den Augen Dessen, der allein Herzen und Nie=
ren prüfet, und die stolze Weisheit als verworfen erklärt hat.
S. 84 steht abermal die Behauptung: „Nirgends sind Un=
gläubige häufiger, als in den Ländern, wo blinder Glaube
am dringendsten empfohlen wird, weil da der Witz des
Spötters und die Scheingründe des Zweiflers das Religions=
gebäude, das auf lockerm Boden stehe, gar zu leicht erschüt=
terten.“ Wir sind dergleichen Behauptungen zu lange schon
gewöhnt, als daß wir nöthig fänden, etwas mehr darauf zu
erwiedern, als dieß: daß die protestantische Kirche uns in
unserer Kirche jene Menge von Zweiflern, Rationalisten, So=
cinianern ꝛc. und jenes Heer von Indifferentisten und Reli=
gionsgegnern nachweisen solle, uber welche nicht erst seit
heute, von so vielen wackern Männern ihrer Kirche so bit=
ter geklagt wird. Wie viele der annoch sogenannten Katho=
liken müßten, wenn sie die Veranlassung ihres Abfalles an=
geben sollten, die Schuld auf das Lesen protestantischer Bü=
cher werfen! Daß diese Menschen den Evangelischen schon
nahe genug stehen in Gesinnung und Grundsätzen, und so
aufgeklärt denken, als irgend einer von den Protestanten,
das eben ist ein deutliches Zeugniß des eben Gesagten. Wo=
rin die Aehnlichkeit der Gesinnung, die sie mit den Prote=
stanten gemein haben, bestehe, wissen wir so gut, daß wir
Letztere gar nicht um ihren Erwerb beneiden, noch dem
Werthe der Beweggründe das Mindeste entziehen wollen,
wenn wir sagen: daß bei den Meisten niedere Maul = und
Gefalldienerei und Aufklärerspiegelfechterei es sey, was sie
zu der Rolle gebracht habe, sich an diese Partei anzuschlie=
ßen. Was der Verf. S. 89. vom Glauben und der Erwei=

terung der religiösen Erkenntnisse sagt, das ist auch unsere
Meinung; der Glaube muß thätig seyn, und immer besser
und vollkommener machen. — „Wiklef, Reformator in
England, und die Bettelmönche, von A. Jung." Was
wir oben von den Waldensern erklärt haben, gilt auch von
diesem Reformator. Er und seine Gegner fochten mit leiden-
schaftlicher Erbitterung gegen einander, wie der blinde Recht-
habergeist immer thut. Wer aus diesem trüben Wasser dennoch reines, gesundes Trinkwasser schöpfen zu können meint,
mag es versuchen, mag, was es auch erhalte, ausgeben wo-
für er will, wir haben nichts dagegen. — „Des Frommen
Blicke in die Zukunft." Religiöse Gedanken über Joh. XVI,
5—15. viel Gutes enthaltend, aber in einem zu preciosen
Style vorgetragen. — „Eröffnungsfeierlichkeiten bei der Versammlung der großherzogl. Badischen Generalsynode in Karlsruhe, zur Vereinigung der beiden protestantischen Kirchen."
Enthält nichts Neues. — „Heirath eines katholischen Geistlichen." Enthält die Geschichte des Reg. Raths Koch, die
schon bekannt ist. — III. Heft „Ueber sittlich religiöse Bildung."
„Wer", heißt es S. 151., ein Kind sittlich-religiös erziehen
will, muß selbst sittlich-religiös gesinnt seyn;" eine Wahrheit, deren Wichtigkeit unser Zeitalter gegenwärtig so sehr
verkennt, daß es wirklich mit der systematischen und metho-
dischen, irreligiösen Bildung der Jugend nie so weit gekommen war, als es dermalen ist. Aber wer wollte auch von
so verdorbenen Eltern, deren es so viele gibt, eine bessere
Erziehung erwarten? Weltklugheit, Falschheit, Ehrgeitz, Gemächlichkeit und Schwelgerei sind die Muster der Nachah-
mung für die Kinder der Eltern in den meisten höhern Ständen. Kein anderer Laut kommt ihnen zu Ohren, als sich durch
schlaue Gewandtheit einst geehrt und glücklich zu machen.
Man sorgt ängstlich für frühzeitiges Einprägen der Welttugen-
den, welche allein zu Ehren bringen. Verstellung und Schalks-

sinn sind die vornehmsten, die man durch eigene B°spiele
dem Kinde einübt. Das Wort Religion und Christenthum
hat dieselbe Bedeutung, wie der Tag den man heute Mon=
tag, und den folgenden Dienstag nennt, sonst hat der Titel
nichts Wichtiges an sich. — Was in dieser ganzen Abhand=
lung von der physischen, und besonders von S. 162. an, von
der sittlich = religiösen Erziehung des Kindes gesagt wird, ist
überaus anziehend, und sollte jedem Mutterherzen recht be=
kannt und wichtig seyn. Die S. 173. beigefügte Anmer=
kung konnte, der individuellen Meinung des Verf. ungeach=
ter, doch ganz wegbleiben. Das Böse in jedem Menschen,
welches so sehr die Neigung zum Guten überstrebt, läugne
wer da kann. So gieng der erste Mensch nicht aus Gottes
Hand; seine Sünde hat sich nur zu unverkennbar auf uns
fortgeerbt. — „Der religiöse Zeitgeist.“ Was hier
von den Hindernissen gesagt wird, die sich diesem Zeitgeiste,
als so starke und übermüthige Gegner in den Weg stellen,
ist leider sehr wahr. S. 178. „Thörichte Menschen, der
Morgen ist da; das Licht kommt vom Himmel, die Finster=
niß aber von der Erde; ihr suchet Rettung und Hülfe in
den Wohnungen des Todes.“ Von S. 181 an werden die
Gegner der Religion geschildert. Da sind nämlich jene stolzen
Halbwisser, welche dem Aufklärlingsgötzen scheinbar huldi=
gend, überall ihre ohne Prüfung aufgefaßten Meinungen so
schneidendabsprechend von sich geben, kurz wahre Weltknechte
und wohlgeregelte Weltklugheitssclaven, ohne Achtung für
Gott und Wahrheit und Recht. Man kennt den sogenann=
ten Mann von Ehre, von dem der verewigte Pfeffel
erzählt:

> „Ein Sultan gab mit flammendem Gesicht
> Einst seinem Großvezir die schmeichelhafte Lehre,
> Er sey ein Dummkopf. Nein das bin ich nicht,
> Rief dieser aufgebracht, ich bin ein Mann von Ehre,
> Und höchstens nur ein — Bösewicht.“

Unserer so aufgeklärten Zeit verdanken wir auch diesen
so gar häufig vorkommenden Charakter, vorzüglich in unsern
Amtsstuben ꝛc. ꝛc. Was nun von S. 186 an über eine an=
dere Gattung solcher Elenden gesagt wird, welche eine Beute
des Unglaubens oder des sogenannten Mystizismus, — das
Wort selbst heißt Mystik — geworden sind, auch diese Er=
zeugnisse sind leidige Geschenke des schmählichen Zeitgeistes.
Den Unglauben gebahr Verzweiflung an eigener Umkehr zum
Guten, und diesen Mystizismus, — denn Mystik ist es nicht
— entnervte und abgestumpfte Sinnlichkeit und deutsche Albern=
heit und Wahnwitz.   Diese Tollhäuslereckelhaftigkeit soll als
Lückenbüsser der wahren Besserung dienen, wozu der Muth
und die ernste Kraft gebricht. Unsere Aufklärungskramerleute
mögen sich freuen über solche Erscheinungen, als Beweise
der schönen Gaben, die sie der Welt geschenkt zu haben sich
brüsten.   Auch die verschollene Teutschthümel = Lummelei und
Turnflegelei, und die hochheilige Industrie und dergleichen
mehr, gehören ihnen unbestreitbar an. Der ganze Aufsatz ent=
hält beherzigungswürdige Wahrheiten. — S. 199. Prote=
stantisch oder Evangelisch. Dem Verf. dieses Aufsatzes
mißfällt die königl. Preuß. Verordnung, welche den Gebrauch
des Wortes Protestant, wenn wir nicht irren, — bereits
zum zweiten Mal verboten hat. Welche Beweggründe diese
Verordnung veranlaßt haben mögen, werden wir denen zu
entwickeln überlassen, welche soviel Zauberkraft in dem Wor=
te entdeckt haben, und daher nicht stolz genug das Wort zur
Schau tragen können. „Dem Wort= und Sachverstand nach,
sagt der Hr. Verf., bedeutet das Wort protestantischer Christ,
einen solchen, der sich, sein Gewissen und seine re=
ligiöse Ueberzeugung gegen alle Glaubenssätze
verwahrt, die nicht aus dem klaren Buchsta=
ben des neuen Testaments hergeleitet, und als
Lehren Jesu und seiner Apostel bewiesen werden

können. Dabei stellt er es jedem Andern anheim, zu glauben, was er seiner Ueberzeugung nach annehmen kann, ohne sich ihm darum feindselig, drohend, verfolgend, u. s. w., gegenüber zu stellen." Nein! das muß wahr seyn: der echte Protestant, der rein protestantische Mensch steht dir weder feindselig, noch drohend, noch verfolgend gegenüber, wenn du nur seine Partei zu halten dich anstellst. Er fragt nicht, ob du an einen Christus oder an einen Gott glaubest, wenn du nur seinem Titel huldigest. Auch handelt er hierin ganz folgerecht: denn, wenn er nicht aus dem klaren Buchstaben des neuen Testaments herleiten kann, daß Christus kein bloßer Landrabiner, oder gewöhnlicher Mensch, sondern Gottes Sohn ist, wer will ihm seine Ueberzeugung oder Meinung nehmen oder wehren wollen? Hat Der, so da Etwas glaubt und im klaren Buchstaben des neuen Testaments gefunden hat, etwa ein großeres Recht, als Der, welcher Das, von Jenem klargefundene, nicht glaubt, folglich nicht klar darin gefunden hat? Und sollte er den stolzen Namen: Protestant, umsonst tragen, und nicht, weil er sich so nennt, alle Fähigkeiten haben, in dem besagten Buche Das zu finden, was er als klar zu erkennen, die besondere Eigenschaft hat? Der Widerspruch, daß der Eine Dieß, der Andere Jenes im Buche klar oder dunkel oder undeutlich erkennt, und Keiner so leicht einerlei in demselben gegebenen Texte findet, stört den Protestanten keineswegs im Besitze seines großen Rechtes, ein Protestant zu seyn.

Was den Titel: evangelisch, angeht, so wollen einige sonderbare Köpfe diese Benennung etwas anmaßend finden, indem es scheinen wolle, als behaupte man mit diesem Titel: Niemand als die sogenannten Protestanten hätten das Evangelium, oder ausser ihnen glaube Niemand daran; es müßte denn ein von einer Bibelgesellschaft als Ehrenmitglied aufgenommener Katholik seyn, dem man gnadenweise denselben

Titel zuzugestehen sich bereitwillig fände u. s. w. — S. 204
„Beschluß der Verhandlungen der großherzogl. Badischen Ge=
neral=Synode in Karlsruhe, zur Vereinigung der beiden pro=
testant. Kirchen." Enthält nichts Merkwürdiges, ausser daß der
vorgelegte neue Katechismus nicht angenommen wurde, weil
darin die Glaubenslehren nicht so bestimmt herausgehoben
sind, als das Lehrbuch, das zugleich eine Art Konfessions=
buch seyn soll, nach der Meinung der General=Synode for=
dern zu müssen schien. Das Wesentlichste der dießfälligen
Punktationen ist: Brod und Wein bleiben auch nach der
Einsegnung noch, was sie waren; allein (S. 207) mit ihnen
empfangen wir den Leib und das Blut Christi, zur innigsten
Vereinigung mit unserm Heilande Jesus Christus. — S. 209
„Antwort des Hrn. Benjamin Constant auf eine von Hrn.
Heinrich v. Bonald gegen die protestant. Kirchen vorgebrachte
Verläumdung." Gegen die von Hrn. v. Bonald gegen Cal=
vin, Beza und andere Stifter der reformirten Religions=
lehre, geäusserte Meinung: daß die Stifter dieser Kirche, aus
Hang zur Wollust, auf Mord und Meineid solche gegründet
hätten, tritt Herr Benjamin Constant, im Courrier français
vom 9. August 1821, klagend auf. Die Folgen dieser Irrung
sind hier nicht weiter berührt. — „Ueber Erziehung und Un=
terricht der Töchter aus wohlhabenden Bürgerfamilien, von
G. H. Laib." Nach der Rezension über diese Schrift geht
der Zweck des Verf. dahin, darzuthun: daß wohlhabende
Bürgerfamilien für die Erziehung und Bildung ihrer Töchter
keine Pensionate, wohl aber gut eingerichtete Unterrichtsan=
stalten nöthig haben. IV. Heft. „Die Würde des Menschen.
Eine religiöse Betrachtung an einem Herbstmorgen." Der
Inhalt handelt von den Vorzügen des Menschen vor den
übrigen Geschöpfen der Erde. — Die griechische Kirche.
„Geschichte der Trennung der griechischen und lateinischen
Kirche." Die ganze Darstellung, gegen alle Geschichte streitend,

hat diejenige Einkleidung, daß die Päbste von Rom gegen die morgenländischen Bischöfe im nachtheiligsten Lichte da stehen. — „Die Erziehung. Eine Allegorie." Unter dem Bilde einer Baumschule, die verschiedenen Wärtern anvertrauet war, wovon der Eine sich gar nicht um ihre Pflege kümmerte, der Andere sie unachtsam behandelte, der Dritte aber sie sorgsam erzog und veredelte, wird hier die Erziehung der Kinder vor Augen gelegt. — „Die Gesellschaft der christlichen Moral zu Paris. Ein Prospektus." — „Diogen und Asynet." Ein Gedicht, wovon der Schluß dieser ist:

„Da wo es noch an Sinn für Menschenwerth und Pflicht,
Für Göttliches und Ewiges gebricht;
Sucht Diogen die Menschen nicht.

V. Heft. „Vergesset über dem Irdischen das Himmlische nicht. Eine religiöse Betrachtung." Der Verf. schildert S. 280 und folg. das verkehrte Streben der meisten Menschen nach Ehre und Ansehen, Vermögen und Gut, Erkenntniß, Ruhe und Frieden, Genuß und Freude. Eben so schön sind auch seine Bemerkungen über die häuslichen Verhältnisse; über die Pflichten der Eltern in Betreffe der Erziehung ihrer Kinder; — dann die Winke für die Jugend; über Glück und Unglück, und über den Tod; bei jedem Gegenstand die Nutzanwendung: über dem Irdischen das Himmlische nicht zu vergessen. — Die griechische Kirche. „Verhandlungen zwischen der griechischen und den protestantischen Kirchen." Wieder sehr parteiisch gegen die katholische Kirche ist diese Erzählung. — „Beleuchtung einiger Prophezeihungen aus dem Briefe des Herrn Karl Ludwig v. Haller an seine Familie." Man kann sich vorstellen, wie jede Aeusserung des Herrn v. Haller, in seinem Sendschreiben, aufgenommen werde. Wie Tzschirner, deutet der Beleuchter dahin, daß da man heim-

lich ein Katholik seye, und Entbindung von den äusserlichen
Gebräuchen dieser Kirche erhalten könne, dieses unsittliche
Heuchelei sey, die sich gar wohl mit der Moral der Jesuiten, aber nicht mit den Grundsätzen des ehrlichen Mannes
vertragen, und noch weniger mit den Grundsätzen der unver-
fälschten Lehre Jesu. Ueber dieses Alles ist bereits in der
mit so vieler Einsicht und Gründlichkeit verfaßten Schrift:
„Haller und Tzschirner, oder der von Hrn. Dr. Tzschirner beleuchtete Uebertritt des Hrn. v. Haller zur katholischen Kirche *)" Alles gesagt. Was die „sanguinischen Hoffnungen angeht, welche Herr v. Haller auf die große, jedoch
nirgends nachgewiesene Menge heimlicher Katholiken gründet,
und auf die, noch sehr ungewissen, Ereignisse der Zukunft"
— scheint uns der Hr. Beleuchter, wie von einer Art Gespen-
sterfurcht getrieben, um sich Herz zu machen, ihm erwiedern
zu müssen: daß die Gesellschaft der Sonntagsschulen in
Dublin arme katholische Kinder (natürlich mit — freier
Einwilligung der Eltern, wie der Hr. Beleuchter meint) in
der — protestantischen Religion erziehen lasse, und im Jahre
1818 bereits 59,688 Zöglinge gezählt habe. Die hibernische
Gesellschaft in London beschäftige sich damit, Schulen (natürlich keine andere als protestantische) zu gründen, und Bibeln in jenen Provinzen Irlands zu verbreiten, wo noch der
strengste Katholizismus herrsche. Im Mai 1818 habe sie
bereits 32,516 Kinder und 1250 erwachsene Zöglinge gehabt.
Ueberall, wo diese Gesellschaft Einfluß habe, fangen die Katholiken an, die Bibel zu lesen, trotz dem Verbote ihrer
Geistlichen, die gerade wegen ihres Widerstrebens die Zuneigung des Volks verlören. Je mehr die katholischen Priester
das Lesen der Bibel tadelten, desto mehr näherten sich ihre
Pfarrkinder den Protestanten."

---

*) Mainz, bei Simon Müller 1822.

Es sey uns erlaubt, einige Worte zu diesem Terte an=
zufügen. Wenn es sich wirklich so verhält, daß die Gesellschaft
der Dubliner Sonntagsschule arme katholische Kinder in der
protestantischen Religion erziehen läßt, was ist Das anders,
als der abscheulichste und grausamste Proselytenmachergeist?
Mit Einwilligung, und zwar mit freier Einwilligung der
Eltern geschehe dieß, fügt der Hr. Beleuchter hinzu. Es mag
aber doch zur freien Einwilligung der Eltern von 59,688 Kin=
der etwas mehr als Nichtzwang gebraucht worden seyn. Die
von den Episkopalen gegen katholische Kinder in England
übliche Weise, sie zu sich zu bringen, ist bekannt. Wie Bur=
cke protestantisch gemacht worden, weiß man auch noch.
Wenn es aber bei dergleichen Sonntagsschulen und Bi=
belgesellschaften nicht auf baare Proselytenmacherei abgesehen
ist, warum vermag die christliche Großmuth dieser Gesell=
schaftsglieder, nicht die Kinder in die Schulen der Religion
zu schicken, in der sie geboren sind? Wenn man bedenkt,
daß in diesem bedaurungswürdigen Lande, annoch der strengste
Katholizismus herrsche, und annimmt, daß so eine Anzahl
Kinder katholischer Eltern protestantische Schulen besuchen,
so läßt sich der Widerspruch nur dadurch heben, daß man
Zwang = und Gewaltmittel voraussetzt, wodurch die freie
Einwilligung der Eltern, und der protestantische Schulunter=
richt der Kinder, sich erklären lasse. Eben so ehrlich mag es
sich auch mit der Vertheilung der protestantischen Bibeln un=
ter den Katholiken verhalten. So, wie bei der freien Einwil=
ligung der Eltern, will auch hiezu ein sehr starker Glaube ge=
hören, um zu begreifen, daß der Irländer, mit seinem be=
kannten Hasse gegen England, doch so bibelhungrig sey,
daß er seinen Seelsorgern es höchst übel aufnehme, und
ihnen alle Zuneigung entziehe, darum, daß sie so gewaltig
gegen diese Bibelgeschenkannahme eiferten, und daß sie daher
ihnen zum Trotze den Protestanten sich immer mehr näherten,

Gegenwärtig scheint die rechte Aerntezeit der Proselyten für die englische Kirche zu seyn, um die noch nicht hungersgestorbenen Katholiken zum freiwilligen Uebertritte in ihre Kirche zu bewegen. s.

„Wir übergehen die weitern, der Besorgniß für die Erstarkung der Kirche der Protestanten, unbewußt entgangenen Aeusserungen, und glauben ihm auf's Wort, daß die Katholiken in den neuern Zeiten nirgendswo gedrückt, zurückgesetzt und verfolgt werden, sintemalen sie Concordate haben, welche genugsam beweisen, daß sie überall den allerdings achtbareren Protestanten gleichgesetzt werden.

„Eine Art allgemeinen Gerichts nähert sich," sagt Hr. v. Haller ... „Die Welt ist getheilt zwischen Christen, die einer Seits mit dem gemeinschaftlichen Mittelpunkte des Sitzes des heiligen Petrus vereinigt sind, und zwischen gottlosen oder antichristlichen Verbindungen, anderer Seits u. s. w." Wir bekennen, daß wir dieselbe Ansicht des Religionszustandes hegen, und der Meinung sind, daß es gegenwärtig nur Christen, und Ungläubige unter allerlei Benennungen gebe. Wenn der Hr. Beleuchter diese Thatsache zu begreifen vermocht hätte, würde er sich alle die Besorgniß und Angst wegen des Abganges eines Theils der Protestanten zur katholischen Kirche erspart, und gar nicht nöthig gefunden haben, sich mit Vorstellungen von List, Gewalt und Zwang (S. 331), vermittelst welchen diese Uebergänge zur katholischen Kirche etwa sich bewerkstelligen ließen, herumzubalgen. Eben so gut hätte er auch des kindischen Trostes gänzlich entbehren können, daß dergleichen Vereinigungen (S. 333) doch von keiner Dauer seyn könnten u. s. w. — „Die Hoffnung. Ein Gedicht." — „Das Weihnachtsfest." Eine erbauliche Abhandlung, mit der Geschichte der Entstehung dieses schönen Christen= und Kinderfestes. — S. 355 „Das Gebet." Ein sehr vollständiger und lehrreicher Aufsatz. — S. 371

„Die christliche Freiheit." Eine Predigt. Dieselbe ist ganz polemischen Zuschnittes, und gleich im Eingange heißt es nach Luthern: „Wenn das Evangelium nicht angefochten wird, so verrostet es gar, und hat keine Ursache, seine Kraft und Gewalt an den Tag zu legen." — Ferner: „Drei Jahrhunderte sind entflohen seit der ewig segensvollen Weltbegebenheit (??) unserer Glaubens = und Kirchenverbesserung, und noch hören wir klirren, in der Nähe und in der Ferne, schimpfliche Fesseln, zu umstricken das Werk von — Gott (?) u. s. f." So hadert der Eiferer mit erschreckender Stimme von den Gräueln tyrannischen Uebermuths, von dem Jammer blinder Vorurtheile, von dem Elende geschändeter Vernunft und zertretener Menschenwürde, von den tausend und abermal tausend Unmenschlichkeiten, welche die Bosheit und Rohheit fruhe schon benützt habe, gegen das Christenthum, von dessen lasterhafter Anwendung zahllose Bände gefüllt seyen. (S. 376) „Ist das Freiheit, — donnert der hochherzige Eiferer ferner heraus, — wenn Glaube und Wandel bestimmt werden durch die Entscheidungen eines Einzelnen, der ein staubgeborner, schwacher, irrender Mensch ist, wie wir?" (Luther und Calvin und Zwingli waren das wohl nicht?) — „Ist das Freiheit, wenn man auch im Buche des Lebens nur Das zu lesen gestattet, was man gewissen Absichten gemäß erachtet? (was der Mann nicht alles so genau anzugeben weiß!) — „Ist das Freiheit, wenn die beklommene Brust, das gepreßte Herz kindlich mit dem Allvater sprechen will, und man ihm leere Formeln in unverständlicher Sprache vorsagt?" (wie gesagt, der Mann weiß und trifft alles genau.) — „Ist es Freiheit, wenn der hohe, nach Gott geschaffene, Geist beengt wird durch jeden Sinnenreiz, durch jeden Spielraum, den sich die Einbildungskraft verschafft, wenn blendende Mystik, reitzender Anstrich, Pracht und Zauber der Gottesdienste das Auge blenden, das Ohr ergötzen, den Geruchnerven

schmeicheln? Nein, lieben Zuhörer, Das alles ist nicht Frei=
heit; diese ist untergegangen auf eine lange Zeit, versetzt wor=
den in eine Reihenfolge nichtssagender, aus dem Heidenthume
entnommener Ceremonien." Gottlob, rufen wir hier mit dem
Herrn Deklamator aus, ... „der Wiederhall eines spätern
Zeitalters gibt die Stimme der Freiheit mit verdoppelter Ge=
walt wieder; ja wir finden sie wieder diese heilige Freiheit;
sie ist ja geflossen aus dem Quell des ewigen Lebens.".
(S. 376 u. 377.) „In den von Spinnengeweben und Staub=
lagern prangenden Kirchen wohnt nun die Freigewordene, recht
unbeengt durch Sinnenreiz; von nackten Wänden, leeren
Kirchenstühlen, lieblichem Gesang, wird weder das Herz be=
klemmt (nicht beklommen), wenn das Auge zum andächti=
gen Schlummer sich senken will, während das tiefeingreifende
Gebet in verständiger Sprache vorgesagt wird, noch das Ge=
müth durch Pracht und Zauber u. s. w. mystificirt. Das,
lieben Zuhörer, ist Freiheit, evangelische Freiheit, die da
frei macht im Glauben; in der Lehre, im Gottesdienste."
(S. 378.) Nach der Behauptung des Hrn. Sprechers „lebt
der evangelische Freie in Gesetzmäßigkeit, unterwirft sich selbst
dem höchsten Gesetze, als dem Ausdrucke des göttlichen Wil=
lens. Frei ist derselbe im Glauben, weil diese Freiheit ihm
nur Das als Wahrheit gibt, was lauterer Ausspruch Gottes
ist, weil sie ihn nicht umgarnt mit Menschensatzungen."
Welche Wunderkraft doch in dieser Freiheit liegt! die nur
„Das zu glauben befiehlt, was als Offenbarung Gottes des
Evangelischfreien Seele erleuchtet." Eheu jam satis est!. Im
zweiten Theile ist nun die Rede vom frommen oder geistlichen
Stolze. Besser hätte nach vorstehendem die Rede vom hohen
Wissensstolze und Dünkel sich hieher geschickt. Dann hätte
der Herr Freiheitsprediger ganz wohl mitanführen mögen, was
er S. 381 vorbringt: „daß die Freiheit kein trügerisches Bild,
sondern Licht und Kraft von Gott sey; daß sie vereint

mit heiligem Glauben, den Verstand erleuchte"... Dafür muffe aber der oben so freigesprochene Evangelischfreie Sinn haben, denn seine Freiheit ist — — nicht allemal Christi Freiheit.

S. 383 folgt eine Uebersicht des gegenwärtigen statistischen Zustandes der beiden protestantischen Kirchen in Frankreich, und S. 389 die kurze Erzählung der Kirchenvereinigung der beiden protestant. Konfessionen im Sachsen=Koburgischen Fürstenthum Lichtenberg.

Band 2. I. Heft. „Die Stimme der Religion beim Wechsel der Zeit." Eine gewöhnliche Neujahrsbetrachtung, in dem so manchem protestantischen Prediger eigenen stolzhöflichen und pathetischpreciösen Tone. — S. 10. „Der Aberglaube." Diese Abhandlung erschöpft so ziemlich den gemeinen Begriff von dem, was man sonst gewöhnlich Aberglauben nennt. Und alle diese hier angeführten Arten von Aberglauben sind nur dünne, sehr unbedeutende Zweige. Stamm und Aeste selber, über welche zu reden, mehr als je, heute Noth thut, scheint er vor lauter Laub nicht gesehen zu haben. Gegen den wahrhaft höchstschädlichen und wie ein rasender Tiger verheerenden Aberglauben, ist der von dem Verfasser geschilderte ein sehr gleichgültiges Thier, das kaum beachtet wird, und nicht des Nennens werth ist. Wir werden, um das eben Angemerkte zu beweisen, die Worte des Verf. als eigene Regel und als Maßstab aufstellen, um hienach jene so verheerenden Gattungen von Aberglauben zu messen, und sie vor Jedermanns Augen zur Beurtheilung auszustellen. S. 11 sagt der Verf.: „Neben dem einzigen wahren Gott stehen in der Einbildungskraft von Mehreren, als man denken sollte, noch eine Menge anderer Wesen, denen sie Kräfte und Wirkungen zuschreiben, welche, ihrer Meinung nach, die natürlichen Einrichtungen Gottes abändern, hindern, ja vernichten können. Sie nehmen Kräfte an, die gar

nicht vorhanden sind, deren Daseyn kein Vernünftiger aner=
kennen kann; oder sie leiten von wirklich vorhandenen Kräf=
ten Wirkungen ab, die unmöglich in jenen gegründet sind.
Diese Verirrung des menschlichen Verstandes heißt Aber=
glaube.“ Recht wahr ist, wenn S. 12 gesagt wird : „Nicht
nur bei Einzelnen, sondern auch bei ganzen Völkern zeigt
sich der Aberglaube in den mannigfaltigsten Gestalten und
Aeusserungen, und ist von jeher eine der reichsten
Quellen des menschlichen Elends gewesen.“ —
„Aberglaube war es, wenn der Grieche dem weisen Rathe sei=
ner Obrigkeit seines Heerfuhrers nicht folgen wollte; aber
sogleich demüthig sich unterwarf, wenn ein Priester im Namen
der Götter einen Orakelspruch ertheilte.“

Wir fragen nun, was Das ist : wenn ein Fürstendiener
von den Bitten und Vorstellungen der Landesunterthanen
aufs flehendlichste angerufen wird, sich ihres Zustandes
zu erbarmen, und der stolze Tyrann nicht einmal ihr
Jammergeschrei einiger Aufmerksamkeit, einer nichtssagenden
Antwort wurdigt? Wenn aber ein angesehener, in den Augen
des Fursten geachteter, Wustling oder Schwelger vor ihn tritt,
sogleich die lebendigste Behendigkeit, den sinnigstthätigen
Eifer und das alle Gemächlichkeit nicht weiter achtende Zu=
vorkommen ihm bezeiget? Warum thut er Das alles, als um
seine Gunst, seine Gegengefälligkeit sich zu sichern? durch
ihn noch mehr in seines Fursten Gnade und Zutrauen zu
steigen? Was hofft er also von diesem Menschen, und von
allen Denen, die er bei seinem Herrn wohl angeschrieben weiß?
Hat er ein dringenderes, ein wichtigeres Geschäft, eine be=
unruhigendere Angelegenheit als die ist, seines Herrn Gunst
nicht zu verlieren, jene Kreaturen sich als seine Gönner und
Freunde zu bewahren? Hat sein Denkvermögen noch für et=
was anders als für seinen Platz Raum? Was ist also Dieß
alles? Hegt er nicht Erwartungen von diesen Umständen, von

diesen Fürstenumgebungen? sieht er nicht in seinem Fürsten
selbst ein Wesen, mit dessen Gnade und Allmacht kein denk=
bares Wesen mehr sich messen kann? Was enthält ferner der
Begriff, den er von seiner Stelle hat? Schließt der Gedanke
an dieselbe nicht alles aus, was jeder andere Mensch Glück
und Seligkeit nennen mag? Und dieß wäre nicht Aberglaube,
und dazu ein solcher, gegen den alle von dem Verf. angeführ=
ten Arten höchst unbedeutende Kleinigkeiten sind? Wenn wir
diesen Aberglauben in Hinsicht des Unheils und Bösen, das
er über Familien und Länder bringt, mit der Natur des
Tigers verglichen haben; so enthält dieser Ausdruck noch
nicht einmal alles das Unheil, welches die Bosheit, Arglist,
und der erbarmungslose Uebermuth eines solchen Ungeheuers
täglich über Tausende verhängt, blos, weil er für Nieman=
den als für sein ehr= und rechtloses Ich da ist, und Alles,
was da lebt, für sein Ränkeleben, wo nöthig, sich hergeben
muß. Man werfe einen Blick auf dieses oder jenes Land, und
man sage uns, ob irgend eine Art Aberglaube, wie dieser
ist, so viel Gräuel und Böses anzurichten vermöge. — Was
ist der elende Erdwurm von Länderherrn, den die Schmeich=
lerlüge und Schamlosigkeit zum Narrengott verzaubert hat?
Was ist jenes Wesen, das jedem Pflichtgebote entlassen, sich
nur beifallen lassen und verüben darf, was es will, und es
muß als gerecht, als Gnade sogar angesehen werden? Was
ist dieß, das dort jener Wollüstling, jener Wucherer, jener
Blutsauger, dieser Geizhals, dieser auf sein Wissen stolze
Verrückte, von Dem hält, was er für das Theuerste seines
Lebens anerkennt? Ist dieß nicht Aberglaube, wenn ein
Mensch, der sich reformirt oder evangelisch nennt, darauf
lebt und stirbt, wer nicht zu seiner Partei gehöre, sey ein
kurzsichtiger, abergläubischer Tropf? Ist das nicht Aberglaube,
wenn einer dem andern nachbetet, daß nur der Protestant die
hohe Eigenschaft habe, allemal den rechten Verstand dessen zu

finden, was er in der Bibel lese; daß das, was er als Wahr=
heit erkenne, eo ipso auch Wahrheit sey; weil er sonst nicht
mit dem ihm allein eignen, ihm allein brauchbaren Vorrechte
begabt seyn würde, die Offenbarungsworte, wie er sie erkennt,
als richtige Auslegung annehmen zu dürfen; daß, indem er
alle fremde Authorität verwirft, sohin Jeder sich selbst höchste
und letzte Entscheidungsbehörde ist, er doch gegen allen
möglichen Irrthum verwahrt sey, ja sogar in dem Falle,
wenn über einen und denselben Text der Schrift noch so
verschiedene Ansichten statt fänden, oder was Einer als nöthi=
gen und wesentlichen Glaubenssatz annehme, der andere gänz=
lich verwerfe. Ist Das nicht Aberglaube, so gibt es wahrlich
auf der Welt keinen mehr! .

S. 14. „Wir leben in einem Zeitalter, welches man
das aufgeklärte nennt, weil Philosophie und Religionslehre
einen hohen Grad von Ausbildung erreicht haben.“ Welchen
hohen Grad, fragen wir, zum Bösen oder zum Guten?
„Allein ist die Anzahl der wahrhaft Aufgeklärten wirklich so
groß, daß man ein ganzes Zeitalter darnach benennen darf?“
Warum dieses nicht, sagen wir, man hat sich schon weit
auffallendere Behauptungen und Anmaßungen erlaubt, als
diese wäre. „Oder ist doch wenigstens der Einfluß der Hell=
denkenden stark genug, um dem Vorurtheile und Aberglau=
ben, mit glücklichem Erfolge entgegen zu arbeiten, ihre Herr=
schaft immer mehr einzuschränken und endlich zu stürzen?“
Welche Verblendung! müssen wir hier ausrufen; so aufge=
klärt ist man, daß man annoch nicht gewahr wird, wie der
Einfluß der Helldenkenden immer stärker wird, und was Diese
Vorurtheil und Aberglauben nennen, immer seltener, d. h.
Tugend und Glaube an Gott und Christum, immer weniger
sich zeigt. Ach! also das Helldenken, die von Vorurtheilen
und Dem, was jene Aberwitzigen Aberglauben nennen, freien
Köpfe, bringen die Menschheit zur Erlösung von den unsäg=

lichen Drangſalen, unter denen ſie im Angeſichte der alle Herzen verſteinernden, und verſelbſtelnden Aufklärung keichet und verzaget? Ein ſonſt religiöſes, aber von Vorurtheilen befangenes Gemüth, das Gott und Menſchen liebt, und in jedem Leidenden ſich ſelbſt ſchmerzlich leidend fühlt, eine immer zur thätigen Theilnahme offene Bruderhand bereit hält, und nicht nach Namen, Titel, Meinungen, noch nach dem Grade des Anſehens oder der Gewalt ſeine Theilnahme abmiſſet, noch gegen den Angeſehenern zuvorkommender iſt, als gegen den Verachteten und Dem, der ihm nichts wiedervergelten kann, — ein ſolcher Menſch wäre mindern Werthes, als ein ſogenanntes mit dem Aufklärungszauberſtabe bewafnetes feindſeliges Weſen, das neben ſeinem Dünkel ein herzloſes und gottloſes Ungeheuer in ſich pfleget? — Ach! wohl „iſt in unſern Tagen der Kampf zwiſchen Licht und Finſterniß ſchwer,‟ und trotz allen Warnungen, laſſen ſich täglich mehrere in die Stricke des allerſchrecklichſten alles Aberglaubens hineinziehen. Doch laſſet euch nicht irre machen in eurem Aufklärungsgeſaalbader, und ſchlaget den Gegner eures Krames mit dem Bannfluche: Obſkurant, Romling ꝛc. ꝛc. nieder. Setzet den ſchönen Verſuch fort; nur vergeſſet nicht, was wir nochmal wiederholen: Ihr werdet, wenn die Vorſehung nicht dazwiſchen tritt, wenn euer Aufklärungsgeſchäft ſeiner Vollendung nahet, wehe rufen über euch ſelber, und heulend eingeſtehen müſſen: das hätten wir nie geglaubt, daß wir ſtatt etwas Gutes, nur Böſes beförderten...

Wir müſſen abbrechen, da ohnedieß dieſe Anzeige bereits die Gränzen einer gewöhnlichen Rezenſion überſchritten hat.

S. 25. „Bibelſtreit im Großherzogthum Baden.‟ Was der Verf. dieſes Aufſatzes von der zu Straßburg im J. 1819 herausgekommenen Warnung für die Katholiken über die van Eß'ſche Ueberſetzung des neuen Teſtaments vorbringt, übergehen wir, da wir überzeugt sind, daß er die so wohl gegründete Ansicht unsrer Kirche, das Bibellesen betreffend, zu genehmigen, doch nicht Unparteilichkeit genug besitze, und daß sie und ihre echten Glieder nie die Hoffnung des Verf. theilen werden, S. 27, „sich von dem Zeichen der Zeit, welche überall Ruckkehr, — nicht zu dem Glauben der Väter, aber zu dem lautern Christusglauben verkundet, belehren und zurecht weisen zu lassen." Es ist zu sonderbar, daß die Vorsehung so viele Jahrhunderte hindurch diese schönen Zeichen unsrer Zeit, der im Finstern schmachtenden Menschheit vorenthalten, und nur erst seit 40 bis 50 Jahren das Hereinrucken der Alles im Dunkel und in völlig einseitiger Verstandesbildung und Herzlosigkeit erstickenden Verrücktheit herrschend werden ließ. — Der im Badischen vorgefallene Bibelstreit entstand durch die Bewerbungen des Hrn. van Eß, seine Ausgabe des neuen Testaments in diesem Lande zum Schulbuche zu machen, wogegen die katholische Kirchenbehörde, in der Person des Hrn. Ministerialraths Brunner, die begrundete Nichtannehmbarkeit des eigennutzig bedingten Antrages einwand; in welchem Streite jedoch beide Theile sich so schnackisch witzelnd und bibelnd gebarden, daß man Jeglichem Unrecht zu geben versucht werden möchte. — S. 37 „Friedrich Reiser, eine Ketzergeschichte aus dem 15ten Jahrhunderte." Diese bis zum vierten Hefte fortlaufende Erzählung ähnelt so ziemlich einem Romane, welchen die Fantasie mit Anwendung der in jener Zeit, worin Reiser lebte, bekannten Männer durch mehrere Bogen durchführte. Dieser Fr. Reiser wird als der Sohn einer von einer separatistischen, in der Waldenser Grundsätzen lebenden, Familie dargestellt. Sie soll in einem schwäbischen Dorfe, Namens Deutach, in der Nähe bei Wörth gehauset haben. Nach der Angabe des Erzählers hätte sich die Familie der Theilnahme an der herrschenden Religionsübung enthalten, und

ungeachtet des allerdings ihren Mitnachbarn sehr auffallenden
Lossagens von der im Lande, üblichen Religionssitte ruhig
und ungestört ihr Wesen treiben dürfen. Durch die in Deutsch=
land, vorzuglich in Nürnberg und in der Schweiz, zerstreut
lebenden Obern dieser Sekte sey der junge Reiser zum Apo=
stel und Missionär, und unter den Hussiten, deren Grundsatze
er späterhin angenommen, von ihrem Bischofe Sand zum
Priester geweihet worden. Nach gehabten mancherlei Schick=
salen sey er mit Anna Weilerin, gebürtig aus einem
Dorfe bei Baireuth, im J. 1457, zu Straßburg, als Ke=
tzer zum Feuertode verdammt und hingerichtet worden. Wir
übergehen die in der ganzen Erzählung gar nicht gesparten
Ausfalle gegen die katholische Kirche, und die unsern Geg=
nern eignen und befangnen Urtheile über die katholische Glau=
benslehre, und hoffen, am Ende unserer Anzeige nochmal
auf diesen Gegenstand zurück zu kommen. — In dem S. 102
folgenden Aufsatze, betitelt: „Die höhere Ansicht vom Leben
im Lichte des Glaubens,“ wird unter Andern gesagt: „daß
man im Laufe der Zeiten, als Licht und Aufklärung immer
weiter sich ausbreiteten, eine Art von Mißtrauen gegen Alles
zu fassen begonnen habe, was sich unter dem zweideuti=
gen Gewande eines religiösen Glaubens ankündigte,
— und sogar behauptete, das Evangelium Jesu enthalte
weiter nichts als Aufforderungen zum Handeln, und stelle
blos eine geläuterte Sittenlehre auf.“ Wäre dem befangenen
Menschenverstande so leicht möglich, folgerichtig zu verfah=
ren, so würde er sogleich den schreienden Widerspruch be=
merken, deß er sich in den eben angeführten Worten so sehr
schuldig macht. Wo einmal das Mißtrauen gegen Al=
les, was sich unter dem — zweideutigen Gewande eines
religiösen Glaubens ankündigt, herrschend wird; wo (eben=
daselbst) das unausgesetzte Absprechen „über gewisse kirch=
liche Gebräuche und Zeichen, über das Nachbeten einzelner

verstandlosbenannter Worte, und über den unbedingten Ge=
horsam unter die Aussprüche eigenmächtiger Priester, die sich
in der Kirche die oberste Gewalt anmaßten," zum gewöhn=
lichen Gebrauche, zur rechtmäßigsten Sache, zur löblichsten
Handlung wird; da bahnte sich der Weg zu der Behaup=
tung: „Das Evangelium Jesu enthalte nichts als Auffor=
derungen zum Handeln (nicht Handlen) und stelle blos eine
geläuterte Moral auf."

Was der Verf. von S. 103 bis zu Ende der Abhand=
lung vom religiösen Glauben sagt, ist schön, aber, wie mei=
stentheils solche Gegenstände von den Herren Protestanten be=
handelt zu werden pflegen, in einem zu preciösen Tone vor=
getragen. In der S. 114 folgenden Abhandlung über den
religiösen Fanatismus, in allgemeinen Umrissen ge=
schildert, berührt der Verfasser S. 119 auch den irreligiö=
sen Fanatismus, welcher aus Ehrgeitz, Hab= und Herrsch=,
politischer Partei= und Eroberungssucht, Privatrache und
andern unedeln Leidenschaften entstehe, und unter der Larve
des Eifers für Gottes Ehre, nichts weniger als die Beforde=
derung derselben zum Zwecke habe. Wir kennen eine solche
Gattung irreligiösen Fanatismus, nämlich den des Unglau=
bens, der von den eben bemerkten Triebrädern zur Vernich=
tung der christlichen Religion und des Glaubens an einen Gott,
den thätigsten Gebrauch macht. Statt von diesem, so noth=
wendig es wäre, zu reden, verliert sich der Verf., nach Gewohn=
heit der Meisten seiner Kirche, in Ausfälle gegen die Gegner
der falschen Aufklärung, welche bereits dem Unglauben alle
Schranken geöffnet, ihn unter alle Stände eingeführt hat,
und so wüthender Fanatismus ist, als je einer in der Ge=
schichte verzeichnet steht.

S. 135 „Tugend und Unsterblichkeit." Ein Ge=
dicht. — S. 177. „Die Wahrheit wird euch frei machen."
Eine Predigt, gehalten zu Straßburg den 17ten Febr. 1822,

von M. Richard. Nach der, wie gesagt, gewohnten Weise der Lehrer dieser Kirche wird gleich im Eingange der Rede wieder gegen die Feinde der Aufklärerei ein Angriff gemacht, und dann der erste Theil damit angefangen: „Unter einem treuen, Festhalten am Evangelium verstehen wir nicht, die hartnäckige Anhänglichkeit an den Buchstaben unserer heiligen Urkunden, — eben so wenig als ein blindes Nachbeten der Sätze, in welche unsere Reformatoren ihre damalige Ansicht des Christenthums niederlegten, — sondern ein unerschütterliches Bewahren des echt humanen Geistes, mit welchem auch Christus die Schrift zum Grunde aller seiner Belehrungen aufstellte, ihre Aussprüche jedoch nach den ewigen Forderungen der — Vernunft, des Herzens und eines natürlichen innern Zusammenhanges deutete, — jenes Geistes, dessen Wiederaufleben in der Christenheit das rege Treiben des 16ten Jahrhunderts so mächtig förderte." Nach diesem Geiste ist die ganze Rede durchgeführt, und dann wird gelehrt, S. 181, es müsse Jeder in den Sinn Jesu und seines Evangeliums eindringen, um desto schonender die menschlichen Hüllen zu beurtheilen, in denen zu allen Zeiten und bei allen Völkern die göttliche und unsterbliche Wahrheit verborgen gelegen sey. S. 183, müsse das Evangelium dem Protestanten Aufschluß geben, ob Wiclef ein Herold des Irrthums, oder ein Held des bessern Glaubens gewesen sey; — ob Huß — ob der gewaltige, durchgreifende Luther, — ob Zwingli Recht hatte. Ganz (S. 184) unverschleiert das innerste Heiligthum des Evangeliums oder der Wahrheit zu durchdringen, sey indeß den Staubgebornen nicht vergönnt, und doch werde (S. 185) das treue und unverbrüchliche Festhalten am Evangelium, dessen menschliche Hüllen zu durchbringen, und das dennoch nie ganz unverschleiert zu schauen sey, die Wahrheit erkennen, und die Wahrheit alle frei machen." Diese Freiheit enthebe, wie der zweite Theil erklärt, vom

Joch eines blinden Glaubens, vom engherzigen Parteigeiste, von den traurigen Wirkungen des Proselytismus, und von der Verzagtheit bei finstern Aussichten in die Zukunft." Von den Wirkungen dieser so gestalteten Freiheit, welche Zweifelsucht und Unglauben zur Folge haben, schweigt der Redner, und die S. 189 empfohlene bescheidene Besonnenheit im Streben nach Wahrheit, hebt die oben dem willkührlichen Menschensinne gestattete Freiheit, der zu jenem schrecklichen Zustande führt, nicht auf. — S. 190 „Die Edelgesteine." Eine bildliche Belehrung über die Bewahrung eines guten Gewissens. — S. 197 „Warum blieb die Reformation unvollendet?" Der Verf. gesteht, daß man den Reformatoren keineswegs den Fehler des zu ihrem Unternehmen nöthigen feurigen Willens, und halber Maßregeln vorwerfen könnte, und daß sie recht gut gewußt hätten, was sie wollten, und hätten daher das erkannte Gute oft mit einer an Uebermaß gränzenden Consequenz (Rechthaberei und Verketzerungswuth), durchgeführt. „Indem sie die Bibel als Grundlage des Glaubens dargestellt, hätten sie diesen Grundsatz zum Hauptprinzip des — Protestantismus erhoben, die Hierarchie unwiderstehlich zu Boden gestürzt, und mit einem Schlage das Joch der Menschensatzungen und abergläubischen Gebräuche, unter welchen so viele Millionen geseufzet hatten, zertrümmert." Diese hier als so umfassende Heldenthat gepriesene Zerstörungswuth und Neuerungssucht, erinnert uns an jenes Projekt, das man vom Eulenspiegel erzählt, der mit seinem Herrn neben einem sehr hohen Berge vorbeizog, auf dessen Spitze, nach seiner Meinung, recht gut eine Mühle sich anbringen ließe. Auf den Einwurf seines Herrn: wie der Müller das nöthige Wasser hinauf brächte, antwortete jener: da mag der Müller dafür sorgen. So richtig und vernünftig war auch das Verfahren der Reformatoren, indem sie die Bibel als einzige Grundlage des Glaubens aufstellten, welche „dem Menschengeschlechte als wahre und helle Leuchte" dienen sollte; für den Erwerb der „vielen Hülfswiſſenſchaften, unentbehrlich zur richtigen Kritik und Bibelerklärung," ließen ſie jeden, der zum Reformator ſich beſtimmt fühlen mochte, ſelbſt ſorgen. „So entſtanden meh-rere Sekten.... Den übeln Folgen der in einem noch rohen Zeitalter oft von Bauern vorgenommenen Schriftdeutung und des Mißverſtands proteſtantiſcher Grundſätze vorzubeugen, und zugleich die Reinheit der Lehre zu rechtfertigen, aus die-ſen vereinten Urſachen glaubte man nichts Beſſeres thun zu können, als die Reihe der als göttlich und wahr erkann-ten Lehrſätze in ein Symbol (Glaubensbekenntniß) zuſam-menzufaſſen. Bald aber artete dieſes Mittel in einen förm-lichen Glaubens = oder vielmehr Lehrzwang aus ꝛc. ꝛc.", Alſo neben der Bibel, dieſer wahren und hellen Leuchte, dieſer einzigen Grundlage des Glaubens, der aus der Bibel mit ſo ſiegreichen Grunden ſich darſtellen läßt, die Hierarchie ſo unwiderſtehlich zu Boden ſtürzte u. ſ. w., waren bald zur Verwahrung dieſes ſo wohl gegründeten Glaubens, Symbole und Concordienformeln, Synodalbeſchlüſſe und dgl. nöthig. Mit dieſer wahren und hellen Leuchte verſehen, ſah jede Partei, welcher die Reformatoren das Daſeyn verſchafften, das in der Bibel, was ſie in Lutheraner, Calviniſten, Zwing-lianer, Wiedertäufer, Pietiſten, Synkretiſten, Socinianer, Calixtiner, Chiliaſten, Arminianer, Mennoniten, Remonſtran-ten, und dergl. zerſpaltete, ungeachtet (S. 202) „die Re-formatoren ſelbſt Männer von durchaus reinen Sitten — von bewunderungswürdiger Mäßigkeit, Großmuth und Un-eigennützigkeit waren," wie ſchön oben da, wo von ihrem feurigen Willen, und wie wenig ſie Freunde von halben Maß-regeln waren, geſprochen und ſohin ihre bewunderungswür-dige Mäßigkeit und Großmuth bewieſen worden. So wie dieſe wahre und helle Leuchte jene Spaltungen unter den

19 *

Reformatoren nicht hindern konnte, vermochte fie auch nicht die Köpfe derfelben fo weit aufzuhellen, daß fie das fo ganz Evangeliumswidrige der Leibeigenfchaft, die neuerdings an ei= nem ihrer aufgeklärten Glieder, nämlich an Hrn. v. Kampf z, einen fo bewunderungswürdigen Vertheidiger, und im Mek= lenburgifchen ihr Hauptlager gefunden haben will, nur mit einer Sylbe berührten, oder gegen die unbefchreiblich un= menfchliche Behandlung diefer Millionen Unglücklichen eifer= ten. S. 202, Eben fo verhält es fich auch mit den Ketzer= verfolgungen, in Deutfchland, Holland, England u. f. f. S. 204 erklärt der Verf. felbft, daß „das nördliche Deutfch= land ohne den Beitritt der beiden mächtigen brandenburgi= fchen und fächfifchen Fürften, fchwerlich die Glaubensver= befferung fo allgemein angenommen haben würde; daß alfo die helle Leuchte, und Erkenntniß und Liebe der Wahrheit, bei weitem das Wenigfte zur Verbreitung der fogenannten Glau= bensverbefferung, dort wie anderwärts, beigetragen, folglich die ganze Sache fehr menfchlich betrieben worden fey, und annoch wird. — S. 215 „Die Hoffnung des Chriften. Eine Ofterbetrachtung.“ Abermals eine fchwülftige Deklamir= übung, bei welcher der unftudirte Zuhörer, an denen es zu Straßburg wohl nicht mangeln wird, Schall und hohes Getöne vernimmt, und am Ende nicht mehr weiß, was der Redner fagen wollte. — S. 226 „Sollen die Proteftan= ten mehr Glanz bei ihrem Gottesdienfte wün= fchen?“ Es läßt fich denken, welche Antwort hierauf ertheilt wird. Da (S. 227) „das Chriftenthum, die höhern Kräfte im Menfchen anregen, entwickeln und veredeln (nicht ver= edeln) und fo in ihm das Bild Gottes wieder herftellen will; fo befördert vollkommen die proteftantifche (? ? ?) Got= tesverehrung, die ganz dem Gottesdienfte der erften Chriften, fo wie wir ihn in der Apoftelgefchichte II, 42, und in den Briefen Pauli, Ephef. V, 19. Koloff. III, 16, befchrieben fin=

den, eingerichtet ist, — diesen höhern Zweck.“ — „Alles ist einfach und prunklos. Wie ehemals, besteht die ganze Gottesverehrung in Gebet, Gesang und Unterricht im göttlichen Worte, wozu von Zeit zu Zeit die Feier der heiligen Taufe und des heil. Abendmahls kommt.“ — „Gestehen wir es, der Prunk macht den Gottesdienst kostbar, und eben dadurch zu einer ziemlich drückenden Last für das Volk.... Wohlthätig und preiswürdig ist also auch in dieser Rücksicht die protestantische Religion, welche für ihre Ausübung nur mäßige Kosten erfordert, die reichlich durch das, was in moralischer Rücksicht dadurch geleistet wird, ersetzt werden.“ Wie sich mit diesen so beifällig vorgebrachten Behauptungen die Klagen über fast gänzlich verfallenen Kirchenbesuch und so weit gediehener Gleichgültigkeit gegen Alles, was Religion heißt, vereinigen lassen, wollen wir der Weisheit des Redners anheimstellen. Uebrigens erfahren wir auch hier neuerdings, welche eigene Vorzüge dieser Cult vor andern hat: „Da ist die feierliche Stille (S. 229) und die ehrfurchtsvolle Andacht durchgängig beim protestantischen Gottesdienste herrschend, macht auf Jeden einen tiefen Eindruck: da ist der geistvolle Gesang.... das allgemeine Gebet, welches die ganze Gemeinde dem Lehrer still und andächtig nachspricht, alles so herzerhebend und beseligend, ferner hauptsächlich die Erklärung des göttlichen Wortes und die erläuternden Vorträge darüber“....S. 230 legt der Verf. selbst das Bekenntniß ab, daß hie und da in protestant. Ländern die Tempel verlassen seyen, daß aber unter den Katholiken dieselbe Klage herrsche, und die Kirchen derselben eben so leere Kirchstühle zu Zuhörern präsentiren würden, wenn sie nicht vom wirksamern kirchlichen Zwange stärker zurückgehalten und so eher zu ungläubigen Heuchlern gebildet würden. Da nun der Vertheidiger des prunklosen Cultus der Protestanten voraussieht, daß die Einführung von mehr Prunk nur so lange einige Zuhörer mehr herbeiziehen würde, so lange der Reitz der Neuheit dauerte, und dann die Tempel wieder eben so leer wie zuvor seyn würden; so wirft er die Frage auf (S. 231): ob denn bei der wahren Gottesverehrung es nur darum zu thun sey, daß die Kirchen angefüllt seyen; und ob es Gott wohlgefällig seyn könne, wenn nur eine recht zahlreiche Menge zu seinem Altare hinströme, gleichgültig, mit welcher Gemüthsstimmung und um welcher Absicht willen es geschehe? Was nun zur Vertheidigung dieser Einwürfe vorgebracht wird, dient nicht im mindesten dazu, aus der ungottseligen Stimmung der Kirchenglieder hergenommen, — seine Behauptung zu rechtfertigen. Die Tempel sind zur Belehrung und Erbauung da. Die fortgesetzte Vermeidung dieser Orte wird gewiß noch mehr zur Gleichgültigkeit in der Religion beitragen, als selbst der in nicht geeigneter Gemüthsstimmung fortgesetzte Besuch derselben. Das Beispiel der Andacht, die belehrenden und rührenden Vortiäge des Geistlichen werden gewiß mehr Nutzen stiften, als die so gezwungen gerechtfertigte Kirchenscheue. Aber so geht es immer, wer zu viel beweisen will, beweiset — nichts — weiter als daß er in einer mißlichen Sache sich nur mit solchen, der gekränkten Eitelkeit nöthigen, Ausflüchten zu helfen sucht. — S. 281 „Der aufgeklärte, sittlich religiöse Enthusiasmus, als die zweite Haupttriebfeder menschlicher Bestrebungen, Religion auf der Erde auszubreiten." Eine Abhandlung, die unsern ganzen Beifall hat. Wir rücken blos zur Probe des Ganzen den Schluß hier ein. S. 298 : „Wir können und wollen die im Namen Jesu, von Menschen, die sich Christen nannten, begangenen Unmenschlichkeiten und Abscheulichkeiten, nicht läugnen; die Geschichte hat sie mit ehernem Griffel, mit einer vom Blute unschuldiger Schlachtopfer triefenden Flammenschrift eingegraben in die Jahrbücher der Menschheit; aber schreiende Ungerechtigkeit ist es, diese Gräuel

dem menschenfreundlichsten Manne, der humansten Religion
zur Last zu legen. Wir können es nicht austilgen jenes
Schandgemälde aus den Annalen der Christenheit, und könn=
ten wir es auch, wir mochten es nicht? Es mag als
schreckliches Warnungszeichen stehen bleiben für
die Nachwelt, wohin die von menschlichen Leidenschaften
mißkannte, entstellte, gemißbrauchte (nicht mißbrauchte) Re=
ligion der Liebe fuhre! Möchten doch ähnliche Gräuel (nicht
Greuel) den Namen der humansten Religion nie wieder be=
flecken oder schänden! Möchte sie, in ihrer ursprünglichen
Lauterkeit, von ihren Erkennern immer mehr erkannt werden,
und die Gesinnungen Dieser immer reiner, veredelnder, den
Gesinnungen Dessen entsprechen, den sie ihren Herrn und Mei=
ster nennen! Wohl dann der Menschheit!" — S. 299 „Ver=
besserung der Civilgefängnisse, in Straßburg."
Eine wahrhaft musterhafte, allen Ländern zu wünschende
Einrichtung, die in dem Werke selbst nachgelesen zu werden
verdient. Was S. 211 u. 212 über die Mißbräuche vor=
kommt, welche gewöhnlich die Gefangenwärter sich gegen die
Gefangenen erlauben, sollte längst überall beherzigt und ab=
gestellt seyn. — S. 315 „Die Religionsfreiheit." Al=
ler Gewissenszwang ist abscheulich. Dasselbe gilt auch von
der Bedrückung, Verfolgung, Verunglimpfung einer schwä=
chern Kirchenpartei, gegen welche die im Lande durch die
Mehrzahl und Begünstigungen stärkere ihren Uebermuth äuß=
sert. Das da und dort Einseitige der Ansicht abgerechnet, ist
der ganze Aufsatz alles Lobes würdig. Verfolgen wir einan=
der nicht, und tragen wir nicht dazu bei, daß die weltliche
Macht wieder das Religionsschwert hervorsuche und Gräuel
gegen Gott und die Menschheit verübe, was ihr so leicht
möglich gemacht wird, wenn man noch einige Zeit fortfährt,
ihre Gewalt zur Wiederherstellung des Kirchenbesuches und
der Religion aufzufordern. Gottes Reich ist nicht von dieser

Welt, und kein Gegenstand deſſen, was Chriſtus das Re=
gieren der weltlichen Fürſten nennt (Luk. XXII, 25.); Chri=
ſti göttliche Lehre iſt nicht Mahumeds Machwerk; aber die
Verkehrtheit ſolcher Provocanten möchte ſie zu dieſem herab=
abwürdigen und verhaßt machen. Dieß thaten ſogenannte
proteſtäntiſche Kirchenlehrer. — S. 332 „Was werden
die Leute ſagen?“ Ein Wort zu ſeiner Zeit geſprochen,
über die ſo weit gediehene Abgötterei dieſer Zeit, über ſcham=
loſe Wohldienerei, und vollendete Schlechtigkeit, zu der die
niederträchtige Ehrfurcht gegen Mächtige und Reiche bringt.
— S. 337 „Ein wichtiges Zeichen unſrer Zeit.“
Mit dieſer Ankündigung wird das zu Paris erſcheinende Mu=
ſeum berühmter Proteſtanten angezeigt. Was der
Referent S. 340 über die Einleitung zu dem Werke vorbringt,
iſt eine ſeiner Kirche gewöhnliche Anſicht, daß nämlich das
Chriſtenthum bald nach ſeiner Entſtehung durch Mißbräuche
und Neuerungen verunſtaltet und von den (S. 341) auser=
wälten Ruſtzeugen der Vorſehung wieder hergeſtellt worden.
— S. 342 „Am Morgen.“ Eine nicht werthloſe mora=
liſche Dichtung. — S. 344 „Ermahnung.“ Dito. —
„Die Religion.“ Nicht unwerth. — S. 345 „Das
häusliche Glück.“ Eine recht nützliche und beherzigungs=
würdige Abhandlung. Für das häusliche Glück kann die
S. 356 angeführte Wahrheit: „Strebe nicht nach hohen
Dingen; mäßige deine Begierde nach Reichthum, nach
Würden, nach Glanz, nach Vergnügen; läſſeſt du ſie die
Schranken übertreten, ſo ſichert dir nichts mehr deine Ge=
müthsruhe,“ nicht genug gewürdiget werden. — S. 362
„Was iſt Sünde? Wer iſt ein Sünder, Was heißt: Sünde
vergeben?“ Gewöhnliche Bemerkungen. Warum wird S. 372
kein Wort von der Glaubenslehre der dem Menſchen durch
Chriſti Tod zu Theile gewordenen Genügthuung gemeldet? —
S. 373 „Ueber junge Verbrecher: Bemerkungen über

die auffallende in den französischen Gefängnissen befindliche Anzahl von 800 jungen Verbrechern von 16 bis 18 Jahren, und zu 4 bis 5 Jahren. Einsperrung verdammt." Der ganze Auffatz, der viel Wahres enthält, ist vom Grafen Alexander de la Borde, und aus dem Journal de la société de la morale chrétienne, N.º 1. genommen. — S. 380 „Aussprüche über Religion in der Kammer der Deputirten 1819." Enthält die Verhandlungen über die Beleidigungen gegen die allgemein anerkannten Grundsätze der Sittlichkeit. — S. 403 „Die Bestimmung des Menschen." Ein Gedicht. — III. Band 1stes Heft. „Die fortschreitende Vervollkommnung der Menschheit:" Der Verf. eignet der Reformation (S. 8) das Verdienst zu, daß sie dem Menschengeschlechte Licht und Klarheit, Sittenverbesserung, und die Quelle des Trostes und der Freude den Heilsbegierigen verschafft habe. — Der Protestantismus sey in seinen Grundsätzen ein kräftiges Erziehungsmittel der Menschheit, und der Schlüssel zu dem Weltplane, den die Vorsehung Jesu zur Erfüllung übertragen habe; da ohne das große Werk der Kirchenverbesserung im 16ten Jahrhunderte, die wahre Bedeutung des Christenthums ein unauflösliches Räthsel geblieben seyn würde (?). Also mehr als 1300 Jahre lag das Christenthum als ein unbekannter Schatz irgendwo verborgen! So wachte Christus über sein eigenes Wort, Er, der bei seinen Bekennern verbleiben will bis an der Welt Ende; Er wählte endlich jene Rüstzeuge, Luther, Calvin und Andere, das sonst unauflöslich gebliebene Räthsel aufzulösen? — S. 12 „Praktische Bibelstudien. Eine erbauliche Paraphrase über Matth. XVII, 14—21. Mark. IX, 14—29 und Luk. IX, 38—42." Die Charakteristik der in dieser Geschichte vorkommenden Personen enthält 1) den Vater des Leidenden; über seinen Unglauben; 2) die Jünger, deren Unglaube oder Mißtrauen in die ihnen

von ihrem göttlichen Meiſter, verliehene Wundergabe den
Kranken nicht heilen konnte. 3) Die Schriftgelehrten und das
Volk, davon Erſtere froh über den Umſtand, daß die Jünger
die Kranken nicht heilen konnten, daraus Anlaß zu erhalten
hofften, Jeſum als einen Betrüger und Feind der Gottheit
dem Volke darzuſtellen, weil auch Er den Kranken nicht würde
heilen können. Ueber dem Streite dieſer heuchleriſchen Eife=
rer tritt 4) Chriſtus ſelbſt auf. Sie verſtummen. Der Vater
bekennt ſeinen Unglauben; die Jünger voll Zutrauens zu
Jeſu fragen Ihn, warum ihnen die Heilung des Kranken
nicht gelungen; indeß das Volk, erfreuet über die Erſcheinung
Jeſu, Gott pries. Die ganze Abhandlung iſt ein Muſter
von erbaulicher und belehrender Erklärung dieſes evangeliſchen
Abſchnittes. — S. 34 „Die Natur im Sommer.“ Ein
nach Sturm und Tiedge gebildeter Aufſatz, der viel Er=
bauliches enthält. — S. 42 „Empfindungen vor, bei,
und nach dem Gewitter.“ Dieſer Aufſatz hat eine zu pre=
ciöſe und geſuchte Sprache, die wir ſolchen Erbauung be=
zweckenden Gegenſtänden nie angemeſſen finden können. —
S. 51, Fortſetzung der „Ausſprüche über Religion in der Kam=
mer der Deputirten.“ Schon bekannt.

Nun noch einige allgemeine Bemerkungen, die uns die
Ueberſicht der bis daher erſchienenen Hefte zugeführt hat.
Uns ſcheinen die Mitarbeiter an dieſer Zeitſchrift nicht im=
mer die in der Einleitung zum erſten Bande ausgedrückte
beſcheidene Aeuſſerung vor Augen gehabt zu haben. S. 3
heißt es: „Nur menſchlich können wir ſprechen von dem,
was über alle Worte und Begriffe erhaben iſt; nur im flieh=
enden Bilde vermögen wir anzudeuten, was vom Ewigen
herkommt.“ — Ferner S. 5 u. 6: „Aber auch wir werden nur
menſchlich darſtellen das Unendliche und es verkündigen, wie
es uns erſchienen iſt. Doch haben wir Urſache voraus zu=
ſetzen, daß die Art und Weiſe, wie die Religion von uns

angeschauet wird, wohl im Ganzen durch die Bildungsstufe unsrer Zeit veranlaßt wurde, und daß alle die, welche unter denselben Einflüssen stehen, für unsere Ansicht empfänglich sind." — S. 19 heißt es: „Dem warmen Verehrer des Göttlichen sey es genug, wenn der Nächste in seiner Kirche, eine barmherzige Gottheit, einen Zügel der Leidenschaften; einen Trieb, vorwärts zu schreiten, und den Trost der Unsterblichkeit findet; genug, wenn er in seinem Gottesdienste das Gemüth zur Andacht stimmen, und seine Entschlüsse befestigen kann. Freilich ist nicht selten der Geist in allzurohe, der Gottheit unwürdige, Massen gedrängt; — o schwinge nicht mit vorschneller Kraft die Fackel der Aufklärung darüber hin, damit sie nicht Alles verzehre, und die Herzen der Anbeter entfremde; laß (nicht lasse) Jedem seine Tempel, seine Altäre, und sprich nicht herzlos wie Judas: Warum hat man dieß nicht alles lieber verkauft um dreihundert Groschen, und den Armen gegeben (Joh. XII, 5.)?" Wir überlassen das eben Besagte den Verfassern einzelner in den Heften vorkommenden Aufsätze, mit ihren Aeußerungen über die Religionslehre und Gebräuche der Katholiken, zu vereinbaren. Wenn sie, nach eigener (S. 6.) sich vorgeschriebener Bedingung, die Zeitbegriffe über die Religion, nach dem ernsten, reinhumanen Grundsatze der protestantischen (christlichen) Kirche zu würdigen, zu läutern, und ihre freie Ueberzeugung mit Liebe und Schonung vorzutragen, und überall das Heilige wichtig und werth zu machen, den Zweck haben; so glauben die Glieder der katholischen Kirche schon nach diesen Grundsätzen eine Behandlung erwarten zu dürfen, welche wenigstens so viel bezeuget, daß sie sich bemüheten, den oben S. 3, 5 u. 19 aufgestellten Grundsätzen nicht zu auffallend zuwider zu handeln. Die sich von so vielen Seiten her fast täglich in Tagesblättern und Schriften erneuernden Verunglimpfungen mögen von Vielen als

noch so verdienſtvoll und beifallwürdig geprieſen werden; ſie
werden doch nie dem Chriſtenſinne als verdienſtlich erſcheinen.
Nur das der Sittlichkeit wahrhaft Schädliche verdient unſere
Verwerfung, unſern Unwillen; nicht Das, was nicht einen
Theil unſers Religionsſyſtemes ausmacht; nicht Das, was
leicht Mißbräuche veranlaſſen kann, und ſchon oft gemißbraucht
worden ſeyn mag. Das ſo wichtige Wort Leſſings:

    Religion iſt auch Partei, und wer
      Sich drob auch noch ſo unparteiiſch glaubt,
      Hält, ohne es ſelbſt zu wiſſen, doch nur ſeiner
      Die Stange. —

wird immer wieder vergeſſen, als wenn es wahrer wäre, was
der eitle Rechthabereigeiſt und Dünkel, weil er es hegt, in
Schutz nimmt, und die Achtung, welche jedem religiöſen
Gebrauche nach chriſtlicher Billigkeit gebühret, geradezu verſagt, um ſeinen Meinungen ja nichts zu vergeben, oder ihren
eingebildeten Werth herabzuſetzen. Es iſt in den ſelteſten Fällen Sprache der Ueberzeugung, ſondern Befangenheit und
Rechthaberei, welche das ſchnöde Urtheil fället. Doch iſt
kein Anſchein, daß dieſes ungerechte und unchriſtliche Verfahren ſo bald aufhören werde. Nach dieſer beſchämenden Wahrheit, will es dem Menſchendünkel am wenigſten wohl an-
ſtehen, ſo abſprechend über andere Meinungen, und ſo blind-
leidenſchaftlich und abgöttiſch ſeine eigenen Widerſprüche als
höchſte Weisheit und alleinige Wahrheit zu bejubeln, und jedem
Andern mit unbändiger Geberde unter die Naſe zu ſtoßen…
Wir bemerken blos noch einige Mängel gegen die Recht-
ſchreibung. S. 1 l. Entwickelung ſtatt Entwicklung. — Handeln
ſt. handlen. S. 65 dieß ſt. dies. II. Bd. S. 191 befiehl ſt.
befehle Vater u. ſ. w. Druck und Papier machen dem Ver-
leger Ehre; doch dürften die Lettern für eine Zeitſchrift etwas
altfränkiſch groß ſcheinen.

Obscura aus der Schule höherer Grundsätze, wo nur Einer recht
hat! zum Frieden, zur Aufflärung des Herzens, der schweren Kunst zur Selbstbeherrschung und Einigkeit: in christ-
licher Demuth der alles zermalmenden aufflärenden Vernunft,
wo wieder Alle recht haben wollen! der gefährlichen Kunst zur
Freiheit und Uneinigkeit zugeeignet von J. Herford. Auf Kosten des Verfassers. Preis 8 g. Gr. Tilsit 1821. In Kommission
bei J. D. Glöckner. Insterburg, gedruckt bei C. L. Zink.

Schon der weitläufige Titel gibt den Gegenstand und
den Zweck dieser fünf Bogen starken Schrift an. Die etwas
eigene Schreibart des Verfs. verräth deutlich, daß der Druck-
ort nicht Erdichtung, und der Verf. ein Einwohner jener
unter preußischem Zepter stehenden Gegenden ist, wo unter
den Schriftstellern dieser Nation annoch die fehlerhafte Endung
der Mehrzahl der Hauptwörter, z. B. die Damens, die Herrens,
die Leuchters, die Wägens ꝛc. gebräuchlich ist.

Gleich in der Vorrede heißt es, S. 4: „Die beliebtesten
Grundsätze, welche in dieser Zeit die gesuchtesten und herr-
schendsten geworden wären, seyen: Wahrheit und Lüge,
Weisheit und Irrthum, Gottesfurcht und Gottesvergessenheit,
Gerechtigkeit und Ungerechtigkeit, Selbstbeherrschung und
Zügellosigkeit, Keuschheit und Entnervung; christliche Tugend
und Menschenmoral; Glaube und Unglaube, Demuth und
Eigenliebe, Gottes Gesetzgebung und Menschensatzung, Nüch-
ternheit und Trunkenheit, Einigkeit und Uneinigkeit, Liebe
und Herzlosigkeit, Treue und Untreue, Verstand und Unver-
stand ꝛc. ꝛc. Dieß ist das getreue Bild unserer Zeit und Welt.“
Der Verf., selbst Protestant, sagt S. 2: „Die aufklärende Vernunft wird je länger je berühmter in den Grundsätzen zur Freiheit.“ S. 1 „Wer an Gott, wie ihn die Vernunft sich erschaffen,
glaubt, begreift den Unsichtbaren gar nicht, und verliert zu-

gleich den sichtbaren Gott. M. Luther wurde in einer Klo=
sterschule der Mann Gottes, heute bewundert man den sel=
tenen Mann, verdammt und vernichtet aber seine Schule und
die Grundsätze zur Selbstbeherrschung." S. 2: „Zu Luthers Zei=
ten war Ueberfluß an Gotteshäusern, frommen Stiftungen,
Klöstern und müssigen Leuten: heute ist Ueberfluß an Göt=
tertempeln, Vernunftsanstalten, und geschäftigen Leuten. Zu
Luthers Zeiten glaubte man blind an eine höhere Gesetzge=
bung, und spottete über Menschensatzungen : heute glaubt
man eben so blind an die aufklärende Vernunft, und lacht
über eine höhere Gesetzgebung. Zu Luthers Zeiten lebte man
christlich, heute moralisch." „Für Liberale" sagt der Verf.
S. 2 unter andern : „Der Mensch braucht nichts als Vernunft,
— von Tugend und Weisheit ist keine Rede!" — — S. 6:
„Die Tugend kam von oben herab; der Verstand wird tief
unten geboren. Tugend muß immer Recht haben, Vernunft
darf sich verirren. Paulus hatte lange einen rasenden Ver=
stand, bis er nach Damaskus reis'te, Christum zu verfolgen;
hier gab er seinen Verstand auf, glaubte an Jesum, und
fand die Tugend." Allda : „Hätte Voltaire und Koze=
bue die Evangelien geschrieben, so würde das 18te und 19te
Jahrhundert einen Glauben haben, um Berge zu versetzen;
so aber haben unsere Zeiten den Glauben verloren, weil ihre
Meister einen rasenden Verstand haben, wie einst Paulus."
— S. 7 : „Die Evangelien, der Zeit moralische Geburten,
und die profane Geschichte haben blos kluge Leute mit freien
Grundsätzen geschrieben, welche die Kunst erlernt, das Mensch=
liche göttlich, und das Göttliche menschlich zu machen, und
Wahrheit mit Irrthum zu mischen. — Mit großem Verstande
ohne Tugend, gibt es sehr viele kultivirte Thiergestalten.
Nach Christus die Tugend annehmen, heißt, das Ebenbild
Gottes von der Thiernatur befreien. — Dem Verstande sind
Schulen, der Tugend die Kirchen geweiht." S. 11 : „Man

beschuldigt Atheisten zu hart, als wären sie geradezu Gottes-
läugner; sie versuchten ja blos, den Altar der Christen zu
zerstören, um eine neue Gottheit der Vernunft darauf zu
setzen." — „Ein Verdienst haben sich Atheisten aber doch
um die Menschheit erworben, daß wir heute schon mehr ver-
nünftige Leute zählen, als Christen. Welch ein ungeheurer
Widerspruch! ein Atheist und Christus!" S. 17: „Was ver-
dankt Europa den Grundsätzen des Evangeliums? Kultur,
Gerechtigkeit, Ordnung und Sittlichkeit. Was verdanken
wir zum Gegensatz den freien Vernunftsöhnen? Sklaverei,
Barbarei, Unsittlichkeit." S. 18: „Gibt es im 19ten Jahrhunderte keine Unvernunft mehr? Nein! seitdem Alles in den
Grundsätzen der Freiheit und Willkühr sich berühmt und beliebt machen darf, ist Alles auf einmal vernünftig geworden."
S. 27: „Was über alle Vernunft erhaben ist, wird deßhalb
noch nicht vernunftwidrig für den kurzsichtigen Sterblichen."
— S. 32: „Wo hohe Bildungsanstalten und das
flimmernde Menschenlicht frei und dreist herum-
tanzt und leuchtet, befinden sich wohl Tausende
ungemein wohl, aber Millionen wissen erstau-
nend viel über Calamitäten und Thränen zu erzählen, weil die Kunst zu rechnen, und auf den
Fleiß und Schweiß, klassisch zu leben, die Früchte
von Millionen kostet." — S. 34: „Vernunft ist der höchste
beliebige Leitstern; Christus, Glaube und Tugend hat
sich in den Aether der Vernunftlehre aufgelöset; freie Grundsätze, Moral, Geburten des Verstandes sind herrliche Dinge,
mit Anstand zu leben, und sorglos der Zukunft zu trotzen!
Christus ist der liebevolle, humanste Freund und Lehrer,
der nachsichtsvollste Sohn des himmlischen Vaters, der beide
Augen zudrückt, um die Werke der Vernunft, und ihr De-
finiren nicht wahr zu nehmen; der ein feines X und U annimmt, und falsche Eier in das Evangelium sich legen läßt:

woraus große Verstandesoperationen und taktische Lebensma-
növers hervorgehen, die keinen Christusschweiß und Herzens-
zwang kosten. — Wer sich diesen Wahn mit philosophischen
Bewegungsgründen erheitern und verstärken kann, der spielt
den Meister mit, in der Schule der Göttin Vernunft; und
wird jener Herrlichkeit zu Theil, die sich die Klugsten auf Erden schon so deutlich und klar gemacht, daß man der Mühe
überhoben ist, sich nach jenem Himmel zu sehnen, den Christus seinen Getreuen verheißen. Dieß wäre das treue Bild zum
neuesten Heile, in dem der Gläubige lieber Veranlassung
nimmt, verstandlos zu schwärmen, als sich verstandesmäßig
zu erheben, um nicht Sklave von vielerlei Meistern und ein
Meister der Unbeständigkeit und der Uneinigkeit zu werden, vor
welcher Schwäche der klassische Weise, um eigenmächtig zu
leben, sich zu bewahren sucht."

Wir brechen ab, und glauben den Leser schon durch
diese wenigen Bruchstücke mit dem Geiste bekannt gemacht
zu haben, der durch das ganze Werkchen herrscht. So sehr
wir den Grundsätzen huldigen, welche der Verfasser über
den so weit gediehenen Mißbrauch der Verstandesbildung
äußert, so freimüthig er sich über den Uebermuth und Recht-
habertrotz des Menschenverstandes und der Vernunft erklärt,
scheint er uns es doch darin versehen zu haben, daß er,
durch die Gewalt der religiösen Vorurtheile geblendet, die
Veranlassung und Ursache dieser seit Jahren her so schrecklich
entwickelten Verstandes- und Vernunfttyrannei übersah. Wir
würden es allerdings unbegreiflich finden, wie dem über den
Verstandes- und Vernunftunfug unserer Zeit nachdenkenden
Manne entgehen konnte, auch dem Ursprunge dieses Uebels
einen Gedanken zu widmen. Wir haben oben angeführt,
was er S. 2 von dem religiösen Sinne vorträgt, der noch
zu Luthers Zeiten herrschte, daß selbst dieser Reformator
in einer Klosterschule (S. 1) den religiösen Sinn erhielt,

daß zu seiner Zeit noch Ueberfluß an Gotteshäusern, frommen Stiftungen 2c. war; daß sich also von dieser Reformationszeit an alle diese Denkmäler des christlich frommen Sinnes ihren Verfall durch das Verschwinden der Religionsliebe datirten; daß sohin in Luthers unheilvollen Neuerungen und Grundsätzen der willkürlichen Schrifterklärung, zu der er, zu seiner eigenen Rechtfertigung, jeden Kopf befugt erklärte, — der Grund von dem Allen allein zu suchen sey, was der Verfasser über die abgöttische Verehrung, die jeder Sterbliche für seine eigenen Einsichten und Meinungen heut zu Tage hegt, zu so bittern und wahren Klagen zwingt. Luther entriß dem Menschenverstande die so nöthige Stütze, an die er sich zu halten hat, um nicht vom eigenen unbändigen Dünkel auf Irrwege geleitet zu werden. Wenn Jeder selbst nach seinem Fassungs= und Einsichtsvermögen sich sein Religionsystem machen darf, müssen jene Systeme des Unglaubens unfehlbar hervorkommen; weil der Verstand, selbst unvermerkt, das Spielwerk der Sinnlichkeit, in der Unerklärbarkeit einiger göttlichen Geheimnisse den Anlaß zum Verwerfen aller Tugend= und Pflichtgebote finden mußte, welche der verderbten Sinnlichkeit immer so sehr im Wege stehen; da diese nur um Gelegenheiten sich bemühet, mit einigem Scheine das ihr so lästige Joch vom Halse zu werfen.

Dewora, B. J., Naturbeschreibung des menschlichen Leibes für die Jugend, mit 1 Kupfer. Gr. 12. Koblenz, 1822, in der neuen Gelehrten=Buchhandlung.

Diese Jugendschrift ist zwar anatomisch und physiologisch richtig abgefaßt; allein der Herr Verf., welcher als Geistlicher in populärer Sprache für das Volk schreibt, ist doch hier und dort in die Anatomie und Physiologie so tief eingedrungen, daß es scheint, als beabsichtige er, die Neugierde der beßern, nach höherer Bildung strebenden, Köpfe zuweilen zu reitzen. So läßt er §. 2 die festen Theile des menschlichen Leibes aus einem Zellgewebe entstehen, und erklärt §. 27 den chemischen Prozeß des Athemholens. Allein dieser Prozeß ist in neuern Zeiten hinsichtlich einiger wesentlichen Punkte bezweifelt und angefochten worden, obgleich man damit noch nicht im Reinen ist; und in Betreff des Zellgewebes ist zu bemerken, daß damit eine zweifache Bedeutung verbunden ist. Man bezeichnet nämlich das anatomisch erwiesene, alle festen Theile mit einander verbindende, zellulöse Gewebe, wel= ches der Metzger an geschlachteten Thieren aufbläs't. Es ist bei den Menschen in der Hautwassersucht mit Wasser, und in der Hautwindsucht mit Luft angefüllet, und nimmt inner= lich ergossenes Blut in einem größern oder geringern Um= fang auf.

Das andere sogenannte Zellgewebe, als anatomische Grund= lage des Baues der festen Theile des menschlichen Leibes, ist noch nicht anatomisch erwiesen, und sein Daseyn wird so= gar von vielen Anatomen und Physiologen geläugnet. Sie erklären nämlich diese Grundlage für faserichter Art, oder noch bestimmter, für thierische winkelichte Kristalle, ohne daß in beiden Fällen stets eine zellgewebartige Verbindung der Fasern oder Kristalle dabei statt finde, oder die Grundlage der zu bildenden Theile ausmache.

Indem der Hr. Verf. sich streng an die populäre Sprache hielt, so ist §. 29 noch ein anderer unrichtiger Ausdruck ein= geschlichen, welcher, bei der übrigen Gediegenheit seiner Schrift, doch sehr auffällt. In diesem §. werden unter dem Worte Gefühl zwei ganz verschiedene Begriffe, von denen einer subjektiv der andere objektiv ist, mit einander verwech= selt. Alle unsere äußeren Empfindungen sind nämlich theils subjektiv, indem sie sich auf den Zustand unsers Leibes beziehen, theils objektiv, indem sie sich auf Außendinge oder auf unsern Leib selbst als Außending, das für uns sicht= und tastbar ist, bezogen werden. Die erstern Empfindungen sind äussere Gefühlsempfindungen oder äussere Gefühle im eigentlichen Wortsinne. Die andern sind äussere Vorstellungsempfindungen oder Vorstellungen.

Die äussern Gefühle sind wieder theils Gemein= gefühle, welche in allen mit Nerven versehenen Theilen em= pfunden werden können, z. B. die Gefühle der verschiedenen Schmerz=, Wärme= und Schwergrade; — theils besondere Gefühle, nur in gewissen Theilen durch deren Nerven empfindbar, z. B. das Gefühl des Hungers und Durstes, des Dringens zum Urinlassen, Nießen und Husten, der Angst bei Stockung des Blutes in und um das Herz, der Müdig= keit in den Muskeln zc. Der Arzt theilet diese Gefühle auch noch in Gesundheits= und Krankheitsgefühle ein.

Die äussern Vorstellungen sind von fünferlei Art: Gesichts=, Gehörs=, Geruchs=, Geschmacks= und Tastungs= vorstellungen. Wie die vier erstern ihre bestimmten Organe haben, welches in dieser Schrift genau dargestellet wird, so ist die ganze Hautdecke das Organ für die letztere, welches nicht Gefühl sondern Tastungsorgan heißen sollte, jedoch an verschiedenen Stellen derselben in einem verschiedenen Grade der Lebhaftigkeit. Man lasse sich z. B. abwechselnd einen run= den, dreieckigten oder viereckigten Körper an den Bauch, den Rücken oder die Schenkel legen, ohne vorher zu wissen, wel= chen, — so wird man jedesmal leicht die Form des Angeleg= ten durch die berührten Hautflächen tasten. Berühren sich aber zwei Hautflächen, wovon die eine einen höhern Grad von Tastungssinn besitzt als die andere, so tastet man mit der erstern deutlich die Form der andern, mit dieser aber nur dunkel die Form jener, weil die lebhaftere Empfindung die schwächere jederzeit unterdrücken muß. Man lege z. B. die

20*

Hand auf die Bruſt, ſo wird man mit der Hand die Form
der Bruſt taſten, nicht aber mit dieſer die Form jener. Man
lege einen Finger an die Zunge, ſo wird man blos die Zunge
taſten; ſtreckt man aber die Zunge an die Lefzen, ſo taſtet
man nur die Lefzen, weil der Finger den Taſtungsſinn in
einem höhern Grade beſitzt als die Zunge, und dieſe wieder
in einem hohern Grade als die Lefzen.

Da alſo das Taſten durch den Taſtungsſinn etwas an=
ders iſt als das Fühlen der Zuſtände des Leibes, und die
deutliche Erkenntniß dieſer Verſchiedenheit zur Begründung
anderer praktiſchen Begriffe leiten und deren Erkenntniß er=
leichtern kann, z. B. die Unterſcheidung und richtige Bezeich=
nung oder Benennung der mancherlei Krankheitsgefühle, ſo
dürfen wir mit den ältern Pſychologen und Phyſiologen das
Fühlen und Taſten nicht mehr miteinander verwechſeln;
und obgleich der Hr. Verf. für das Volk ſchreibt, ſo ſollte
er doch das Taſten nicht mehr Fühlen, und den Taſt=
ſinn nicht mehr Gefühlsſinn nennen.

Uebrigens iſt Rez. mit der ganzen Schrift, die mit viel
Umſicht und Zartheit ausgearbeitet iſt, ſehr wohl zufrieden,
und findet keinen Anſtand, ſie für den Unterricht der Jugend in
Elementar= und Realſchulen zu empfehlen. Auch wünſcht er,
daß Volksſchriftſteller, welche dieſe Materie behandeln, den
Unterſchied der beiden Geſchlechter nicht mehr berühren, und
alles Anſtößige für die Jugend ſo gewiſſenhaft vermeiden mö=
gen, wie es der Hr. Verfaſſer der hier beurtheilten Schrift
ſo ſorgſam gethan hat, nach dem alten Spruche: Nil dictu
visuque fœdum hæc limina tangat, intra quæ puer est.

M. D...n.

Alexander Fürst von Hohenlohe und Waldenburg-
Schillingsfürst 2c. nach den Verhältnissen seiner Geburt
und Erziehung, seines geistlichen Berufes, der Reise nach Rom,
seines längern Aufenthaltes daselbst, und überhaupt nach seinem
ganzen Leben und Wirken bis ins Jahr 1822, ausführlich, treu
und wahr dargestellt von Karl Gottfried Scharold, Legations-
rathe 2c. Mit des Fürsten Bildniß und fünf Beilagen. Würzburg. Verlag und Druck der Commerz-Assessor Bonitas'schen
Verlagshandlung u. Buchdruckerei. In 8. S. 200 Beilagen 20.
Preis 1 fl.

Welcher Katholik wird sich nicht freuen, die Verhält=
nisse eines Prinzen näher kennen zu lernen, der in unsern
Tagen der Gegenstand der größten Aufmerksamkeit geworden
ist, dem man zugleich einer Seits Hosanna, andrer Seits
ans Kreuz mit ihm, zugerufen hat und noch zuruft?
Besonders mag die katholische Geistlichkeit mit Begierde nach
einer Schrift reichen, welche ihr Gelegenheit gibt, nebst bio=
graphischen Notizen, so manche litterarische, moralische, pa=
storalische u. a. Bemerkungen machen zu können.

Dank dem würdigen Herrn Biographen, er als Laie
in dem geistlichen Felde so fruchtbar schon gearbeitet hat, und
uns noch so Manches hoffen läßt!

In der vorliegenden Lebensbeschreibung, welche der Frau
Mutter des Prinzen gewidmet ist, sehen wir, wie der junge
Prinz schon frühzeitig dem geistlichen Stande entgegen reifet,
und jedem Hindernisse auszuweichen weiß, welches ihn von
seinem Berufe entfernen will. Während seiner Studienjahre
lernen wir so manchen würdigen Gelehrten und Priester kennen, deren Umgang und Unterricht der junge Prinz genoß.
Als Subdiakon betritt er schon die Kanzel, und predigt mit
Rührung „über die Bedeutung der heiligen Taufe und der

Sterbekerze!" Bei seiner Primiz ertheilt ihm der würdige
und gelehrte Sailer die rührenden Ermahnungen: „Sey
ein unsträflicher Arbeiter! Sey ein Priester ohne Tadel!"
und sagt ihm, was er bei dem Bestreben, dieses zu seyn,
Gutes und Schlimmes werde zu erwarten haben. Es muß
besonders den jungen Geistlichen ergreifen, wenn er einen Prin=
zen nach seiner Primizfeier mit angestrengter Thätigkeit im
Beichtstuhle, auf der Kanzel, am Krankenbette, mit rühren=
der Andacht täglich am Altare sieht. Der junge Priester, der
noch keine amtliche Verbindung übernommen hatte, hält es
für zweckmäßig, eine Reise nach Rom zu machen, um die
dort befindlichen heiligen Orte zu besuchen, wo einst die Apo=
stel gewandelt, wo ihr treuer Nachfolger Pius VII., diese Zierde
der kath. Kirche, auf dem Stuhle Petri sitzet. Diese wichtige
Reise, so wie den Aufenthalt des Prinzen zu Rom, und dessen
Rückreise beschreibt Hr. Scharold von S. 32—102. Neid
und Verläumdungssucht war dem Prinzen nach Rom schon
vorgeeilet, und versperrte ihm den Zutritt zu dem heil. Va=
ter, jedoch nicht den Weg der Rechtfertigung. Der Hr.
Verf. sagt uns nicht, wodurch man den Prinzen beim heil.
Vater zu verdächtigen gewußt habe; wir wissen indessen, daß
man nach Rom berichtet, derselbe habe das heil. Sakrament
der Taufe in deutscher Sprache verwaltet. Er hatte aber
blos vor der heil. Handlung eine deutsche Anrede gehalten,
das Uebrige aber alles nach dem Rituale verrichtet, und da=
durch jene Eigenmacht vermieden, deren sich so Manche,
besonders im Großherzogthum Baden, schuldig machen, und
Wunder glauben, wenn sie deutsch taufen *). Wir wissen

*) Mancher weiß sogar in andern Fällen sich einer ärgerlichen
Kürze zu bedienen, z. B. am Aschermittwoche den Geschwor-
nen die Asche für die ganze Gemeinde aufzustreuen, am
Blasiusfeste die Kerzen in die Höhe zu heben, und auf einmal über alle den Segen zu sprechen, u. s. w.

wohl, daß das deutsche Wort nicht weniger Kraft hat, als das lateinische; allein jede Eigenmacht ist eine Störung der Ordnung und kirchlichen Einheit; die deutsche Sprache unterliegt auch als lebendige Sprache so vielen Abweichungen von dem ursprünglichen Sinne der Wörter, daß nach einiger Zeit ein Wort oft das Gegentheil von dem sagt, was es anfangs bedeutete. Mit Vergnügen lesen wir, wie der Prinz sich statthaft gerechtfertiget, und mit väterlicher Zärtlichkeit von Sr. Heiligkeit aufgenommen worden ist.

Der junge Geistliche besonders dürfte sich die ganze Vorbereitung des Prinzen zu seinem freigewählten Stande, und seine unermüdete Thätigkeit in demselben, die Reise und den Aufenthalt zu Rom zum Muster nehmen, also selbst mit demselben nach Rom sich verfügen, und sehen, wie er bald in stiller Eingezogenheit heiligen Betrachtungen sich überläßt, bald mit größter Rührung am Altare steht, mit größter Auszeichnung einige Male unter dem Beistande der würdigsten Geistlichen das Hochamt hält, bald auf der Kanzel sich befindet, um empfängliche Herzen zur Liebe gegen Gott zu entzünden, bald von den gelehrtesten Männern mit Huld und Liebe aufgenommen, selbst besuchet wird; wie er keinen Augenblick versäumt, seinen vierteljährigen Aufenthalt für Geist und Herz recht nützlich zu machen. S. 102 bis zu Ende, sehen wir nun den Prinzen wieder auf deutschem Boden, wo er als geistlicher Rath und Domkapitular, als Priester, als Gelehrter, als Menschenfreund, von einer Stufe des Glanzes zur andern hinaufsteiget, trotz des Dunkels, welches man um ihn verbreiten möchte.

Die Beilagen zu dieser Biographie sind:

I. Vormittägige Betrachtung für den ersten Tag der geistlichen Uebungen.

II. Skizze einer Predigt auf das Fest des heil. Namens Jesu, am 2. Sonntage nach Epiph. 1817 zu Rom gehalten.

III. Eine lateinische Urkunde, wodurch der Prinz in die Bruderschaft vom Herzen Jesu aufgenommen und mit zweckdienlichen Vollmachten versehen wird.

IV. Erklärung vom 28. Juli 1821, aus Bad=Brücke= nau. Diese Erklärung, welche zwar schon durchaus bekannt, und auch im Katholiken I. Jahrgang VIII. Heft, August 1821, S. 197 — 205 zu lesen ist, steht auch hier an ihrem rechten Orte, und beurkundet besonders die Gesinnungen des Prinzen, daß er bei seinen Heilungsversuchen dem Willen Got= tes Alles überläßt.

V. Uebersicht der für und gegen die Heilungsversuche Sr. Durchlaucht erschienenen Schriften, a. Für — b. Ge= gen — c. Durch die Gegenschriften veranlaßte Widerrufungs= schriften. Dergleichen Schriften sind zu a. 16, zu b. 17, zu c. 5., Summa 38.

Z. Z.

——————

Evangelisches Hülfsmittel in menschlichen Uebeln, von Dr. Rieg= ler, Professor der Exegese und der orientalischen Philologie am königlichen Lyzeum zu Bamberg. Sulzbach, in des Kom= merzienraths J. B. v Seidel Kunst= u. Buchhandlung 1822. Ohne Vorrede S. 192 fl. 8.

Dieses Werkchen ist, wie die Vorrede sagt, veranlaßt worden durch das Ausserordentliche, was seit dem Junius 1821 durch den Herrn Fürsten Alexander v. Hohenlohe, und den Landmann Martin Michel, vermittelst vertrauens= vollen Gebetes bewirket worden ist. Der Hr. Verf. will nun zeigen, was der Mensch für ein kräftiges Mittel selbst im Evangelium habe, sich von den ihn drückenden Leibes= und Gei= stes=Uebeln zu befreien. Er theilt sein Werkchen in drei Ab= schnitte. Der erste handelt, in drei Hauptstücken, a) von der

Uebeln, welche die Menschen befallen: sittliche, leibliche, zeitliche Uebel; b) von dem Ursprunge menschlicher Uebel, und c) von der Hulfe in menschlichen Uebeln. Daselbst heißt es: Gott ist der Retter in allen menschlichen Uebeln; er war es in alter Zeit, zur Zeit als Jesus Christus auf Erden wandelte, zur Zeit der Apostel, nachher, und ist es jetzt noch durch Jesus Christus. Der zweite Abschnitt stellt als Hülfs= mittel den erforderlichen Glauben auf, und ertheilt im ersten Hauptstücke den Unterricht über den erforderlichen Glauben; im zweiten Hauptstücke werden die Hülfsmittel angegeben, zu dem erforderlichen Glauben zu gelangen; das dritte Haupt= stück macht auf die Hindernisse aufmerksam, welche dem gläubigen Vertrauen, und folglich der Wirkung des Mittels entgegen stehen; das vierte Hauptstück handelt vom Rückfalle. Der dritte Abschnitt handelt von der Einwirkung auf einen Lei= denden, mittelst des Glaubens eines Andern. Als Beispiel des auf Andere wirkenden Glaubens wird im ersten Hauptstücke, §. 84, aus der heil. Schrift der Glaube des Hauptmannes, der dadurch auf seinen Knecht, der Kananiterin, die dadurch auf ihre Tochter wirkte, angeführt. §. 85 wird bewiesen, daß dieser einwirkende Glaube auch jetzt noch statt habe; §. 86 werden die Erfordernisse dieses Glaubens angegeben; hierauf folgen §. 87 die Mittel, denselben zu erlangen; §. 88 zeigt die Hindernisse, welche dem Glauben und seinen Wirkungen entgegen stehen; dieser Glaube wird §. 89 durch das Gebet in Anwendung gebracht. Im zweiten Hauptstücke wird §. 90 die Art und Weise der Einwirkung dargestellt; §. 91 beweiset, daß die aus diesem Glauben hervorgehenden Wirkungen Werke des Glaubens, keine Versuchung Gottes, kein Aberglaube seyen. In vierzehn Beispielen zeigt §. 92, wie Derjenige verfahren müsse, welcher durch seinen Glauben auf Andere einwirken will. Der dritte Abschnitt handelt endlich von dem vereinten Gebete in der Ferne.

Der echte Christ zweifelt durchaus nicht, ob Gott auch in allen Nöthen helfen könne; er kennet die großen Verheißungen, welche Jesus Christus dein gläubigen Gebete gemacht hat. Fragen kann man jedoch, ob diese Verheißungen auf alle Nöthen sich erstrecken? und hierauf läßt sich mit Ja antworten, jedoch mit der Bedingung, in wie weit die Abhülfe dazu dienet, daß der göttliche Vater in seinem göttlichen Sohne verherrlichet, das Seelenheil des Leidenden befordert werde. Daraus ergibt sich nun, daß man um Abhülfe von allen Nöthen Gott bitten könne, weil er allmächtig ist; um Abhülfe bitten dürfe, weil er gütig ist, weil er sogar die Verheissungen seiner Hülfe gegeben hat; daß jedoch unser Gebet kindlich seyn und der göttlichen Weisheit überlassen müsse, ob sie für gut erkenne, unser Bitten zu gewähren. In Betreff des Ersten und Zweiten ist die Arbeit des Hrn. Verfs. sehr zweckmäßig, und glücklich gelungen; was aber das Dritte belangt, könnten wir ihm allerdings nicht beistimmen, wenn er S. 108. §. 71, unter die Hindernisse des Erhörs die Bedingniß des Bittenden setzet, „wenn's der Wille Gottes ist, daß ich von diesem Uebel frei werde,‟ und noch beifügt: „Wie ungereimt und glaubenswidrig würde diese „Bedingniß: „wenn es der Wille Gottes ist,‟ lauten, sofern „solche der Priester bei Ertheilung der Lossprechung oder bei „der Taufe eines Kindes auch nur in seinem Sinne beisetzen „wollte! Sind wir nicht eben so durch das unfehlbare Wort „Christi von Hülfe in leiblichen und zeitlichen Uebeln in seinem „Namen, wie von der Nachlassung der Erbsünde, oder der „wirklichen Sünden durch die Sakramente der Taufe und Buße „versichert? Eine Bedingniß ist allezeit eine Schwächung des „Glaubens auf die Verheissungen Gottes.‟ Der Hr. Verf. versieht es hier sehr, daß er das Gebet den Sakramenten gleich setzet; da doch das Gebet kein Sakrament ist, also auch nicht so wirken kann, wie ein Sakrament wirket. Es scheint aber, der Hr. Verf. habe sich selbst wieder von seinem Absprunge erhohlet, und sein Versehen gut zu machen gesucht, wenn er anderswo sagt, es sey schon stillschweigende Bedingniß, daß der Kranke nur Hülfe verlange, in wie weit es Gottes Wille sey, und S. 184 nicht nur einige Kranke rufen läßt: „nur das geschehe, was Gottes Wille ist!" sondern noch eine Anrede an sie hält über den ganzen Zweck der Uebel in dieser Welt, und ausdrücklich sagt: „Es ist Gottes Wille nicht, daß alle Uebel unter den Menschen aufhören. Sie gehören nach der göttlichen Vorsehung zur Weltregierung. Wir würden Gott und den Himmel gar leicht vergessen, wenn uns der Druck der Uebel nicht daran erinnerte. Die Noth lehrt beten. Die leiblichen Uebel sind uns ein Mittel zu geistigen Gütern, lehren uns Vertrauen, Geduld, Ergebung u. s. w., dienen uns zur Züchtigung und Reinigung unserer Seelen, sind uns ein großer Gewinn für das andere Leben. Jesus selbst hat seine Allmacht nicht dazu angewendet, daß der Leidenskelch von ihm weggenommen werde, sondern er hat ihn nach Gottes Willen geleeret. Auch die Apostel gebrauchten ihre von Jesus erhaltene Macht, Zeichen zu thun, nicht um sich von Leiden und Verfolgungen zu retten u. s. w." Was also Hr. Dr. Riegler hier sagt, hebt den oben gerügten Verstoß, und er wird selbst darauf Bedacht nehmen, in einer etwaigen zweiten Auflage nicht nur einige eingeschlichene Druckfehler zu verbessern, sondern auch die gerügte Behauptung hinwegzulassen und die Anleitung geben, mit dem kananäischen Weibe, mit der Wittwe u. a. anhaltend zu beten, mit Jesus Christus aber zu sagen: „Nicht mein, sondern dein Wille geschehe." Geben wir auch zu, daß Jene, welche bei Christo Hülfe suchten, geradezu nur die unbedingte Abhülfe von ihren Leiden verlangt haben, so erinnern wir zugleich, daß diese noch nicht den Unterricht Jesu Christi genossen, welcher sagt, daß wir durch viele Leiden ins Himmelreich eingehen müssen; daß sie noch nicht Jesum Christum selbst zum Muster hatten, welcher durch sein h. Beispiel uns Geduld im Leiden lehret. Der Hr. Fürst v. Hohenlohe schien, wie aus seiner Erklärung an den Magistrat zu Würzburg sich errathen läßt, anfangs auch die Idee von einer unbedingten Forderung an Gott um unbedingte Abhülfe gehabt zu haben; in seiner Erklärung aus Bad=Brückenau vom 28. Juli 1821 redet er aber ausdrücklich von dem göttlichen Willen, welchem es zu überlassen sey, ob er auf das Gebet die gewünschte Heilung wolle erfolgen lassen oder nicht. — Was der Hr. Verf. im dritten Abschnitte von der Einwirkung auf einen Leidenden mittelst des Glaubens eines Andern sagt, ist nicht dem geringsten Zweifel unterworfen, sobald nur betrachtet wird, daß das Gebet für Andere auf das göttliche Gebot sich gründe, welches uns einander zu lieben befiehlt. Da Gott es ist, welcher hilft, so kann es auch gar nicht auffallen, wenn das für einen entfernten Nothleidenden verrichtete Gebet gleiche Wirkung hat, als wenn es für einen Gegenwärtigen verrichtet wird; und es ist zu wundern, wie sogar Theologen darüber Anstand nehmen konnten, eben so, wie auch sogar Manche derselben die Kraft des Gebetes in Anspruch nehmen und Gott gleichsam in die Gränzen menschlicher Gesetze einengen durften.

Nachdem wir nun den Inhalt des angezeigten Werkchens kennen, auch einen Anstand berichtiget haben, machen wir es uns zum angenehmen Geschäfte, dasselbe jedem Christen zu empfehlen, da es in jeder Noth der Seele und des Leibes Hülfe suchen lehrt, wo wahre Hülfe zu finden ist, dabei auch die Bedingnisse anzeigt, unter welchen die Hülfe gesucht werden soll, glaubiges Gebet mit vorhergehender moralischer Besserung.

P. K.

Höchst wunderbare Geschichte, welche sich unlängst zu Mastricht zu-
getragen hat, wo der dortige Ober=Rabbiner auf öffentlicher
Straße, durch die Allmacht Gottes geleitet, bei der Feier eines
christlichen Gottesdienstes dem Judenthum entsagte, und im An-
gesichte von Tausenden Menschen, kniefällig Jesum als den
wahren Gott, den versprochenen Messias anbetete, und gleich
darauf zur katholischen Religion übergieng ꝛc. Geschrieben von
einem Weltbürger im Frühling 1822. Düsseldorf, gedruckt in
der Stahl'schen Buchdruckerei.

Rez. theilt nur das Wesentliche dieser merkwürdigen
Geschichte, wie sie in vorstehender Piece vorgetragen ist, den
Lesern mit. Der durch Gottes Vorsehung zur Wahrheit Ge-
führte heißt seinem jetzigen christlichen Namen nach : Imma-
nuel Paulus Nikolaus Servatius Weil. Er bekleidete vorher die Stelle eines Lehrers bei der israelitischen
Gemeinde in Ratingen, einem kleinen, zwei Stunden von
Düsseldorf entlegenen, Landstädtchen. Nicht allein seine Gewandtheit in der hebräischen Sprache, sondern auch seine
gründlichen Kenntnisse in mehreren Fächern des menschlichen
Wissens, hatten ihm die Liebe des in Düsseldorf wohnenden
Rabbiners, Hrn. Scheur, eines sehr gelehrten und ge-
schatzten Mannes, erworben. Dieser fragte ihn eines Tages,
ob er nicht Lust hätte, sich nach dem Haag in Holland zu
begeben, wo gerade ein Concurs für eine neue Ober=Rabbi-
ner=Stelle für Mastricht statt haben sollte. Hr. Weil, damals noch nicht 30 Jahre alt, entgegnete, er wäre hierzu
noch viel zu jung, und es gebräche ihm an den deßfalls nöthigen Kenntnissen; worauf ihm der Rabbiner erwiederte : „Ich
bin überzeugt, daß es Ihnen nicht an Kenntnissen fehlt,
ein solches Amt mit Würde zu bekleiden; und es ist, als ob
es mir die Vorsehung eingäbe, Ihnen sagen zu müssen, daß

Sie zu etwas Größerem beſtimmt ſeyen." Durch dringende
Zuſprache wurde alſo der junge Mann dahin vermocht, daß
er ſich nach dem Haag wirklich begab, wo ſich ſchon 130
Rabbiner zum Concurſe einfanden. Man kann ſich leicht
denken, mit welchem Hohngelächter und Geſpötte dieſelben
den unbärtigen Mitrival begrüßten; aber wie ſehr wurden
ſie getäuſcht, als derſelbe zu Folge einer mit ungewöhnlicher
Auszeichnung überſtandenen zweitägigen Prüfung allgemein
als der Gelehrteſte und Würdigſte ausgerufen, und mit einem
ſehr anſehnlichen Gehalt als Ober = Rabbiner nach Maſtricht
ernannt wurde.

Er reiſte ſogleich nach Ratingen zurück, um daſelbſt
ſeine Geſchäfte zu ordnen, und von ſeinem Freunde S ch e u r
Abſchied zu nehmen. Von da begab er ſich mit dem Poſt=
wagen über Aachen nach ſeinem Beſtimmungsort; der Zu=
fall fügte, daß an jenem Tage der Poſtwagen mit größten=
theils gebildeten Leuten angefüllt war; es entſpann ſich das
Geſpräch über verſchiedene Gegenſtände; und da ſich in der
Geſellſchaft auch ein katholiſcher Geiſtlicher befand, dem das
beſcheidene und gebildete Benehmen des Ober=Rabbiners ſehr
gefiel, lenkte er die Unterhaltung auf Religion und fragte
ihn mit Freimüthigkeit, „ob er denn auch wirklich mit aller
Gewißheit glaube, daß der wahre Meſſias noch nicht gekom=
men ſey?" Auf ſeine Antwort, daß er hieran keineswegs
zweifle, ſuchte man ihn mit Beweisgründen aus der Schrift
zu widerlegen, denen er aber mit ausnehmender Fertigkeit
auszuweichen wußte. Indeß kam der Wagen in die Nähe
von Aachen, wo gerade der Congreß ſich verſammelte; auf
die Bemerkung, es würde ihm ſchwer fallen ein Quartier zu
finden, ſagte er: „daß ihm dieſes ein leichtes wäre; denn
er brauche nur auf das erſte beſte Haus eines Israeliten
zuzugehen, ſo wäre er für Unterkommen und Bewirthung
ſchon geſichert; allein er thue dieſes ſehr ungerne, beſonders

so spät, weil er dadurch die ganze jüdische Gemeinde beunruhigen würde, da es bei ihnen Gebrauch sey, daß, wenn ein Ober=Rabbiner durch einen Ort reise, wo sich Israeliten befinden, alsdann die meisten derselben aus religiösem Sinne noch an demselben Tage herbeieilten, um von ihm den Segen zu empfangen.

Nach dieser Aeusserung machte ihm der katholische Geistliche, der für seinen Aufenthalt in Aachen schon früher gesorgt hatte, das freundliche Anerbieten, er wolle sich auch noch für ihn bei seinem Vermiether um ein Bett verwenden, welches der Ober=Rabbiner auch annahm.

Am folgenden Morgen, als er von dem Geistlichen Abschied nahm, bat er sich dessen Namen aus: da dieser ihn um die Ursache davon befragte, erwiederte er ihm, daß dieser Name mit goldenen Buchstaben geschrieben in der Synagoge aufgehängt, und zum Andenken an die genossene menschenfreundliche Behandlung, von ihm und der Gemeinde für ihn gebetet werden solle." Unverzüglich reiste er nach Mastricht, wo er von der dortigen israelitischen Gemeinde mit Jubel aufgenommen wurde. Nachdem er vom Jahre 1818 bis ins Jahr 1819 der Gemeinde zur größten Zufriedenheit vorgestanden hatte, da fügte Gott dessen Bekehrung auf folgende höchst wunderbare Weise. An dem Tage, wo zu Mastricht die feierliche Servatius=Prozession gehalten wurde, gieng er in eine Straße hinein, wo er von Weitem eine Prozession auf sich zukommen sah: er wollte ihr ausweichen, aber von einer geheimen Kraft getrieben mußte er auf sie zugehen. Als ihm die Prozession immer näher kam, und er an eine Kreuzstraße gekommen war, welche er nun einschlagen wollte, da konnte er sich nicht von der Stelle bewegen, und mußte wie gelähmt da stehen bleiben. Nun sah er die Prozession vor sich vorbeiziehen, und als das hochheilige Sakrament des Altars sich ihm näherte, versuchte er nochmals wegzugehen, aber vergebens; er war fogar genöthigt, als er das hochwürdigste Gut vor sich erblickte, unwillkührlich auf seine Kniee niederzusinken. — In diesem Augenblicke gieng ihm das Licht des Glaubens auf, daß er Jesum, unter Brods= gestalt verhüllet, als den wahren Gott, den verheiffenen Mes= sias und den Erlöser der Welt erkannte; diesem Glauben treu, blieb er freiwillig auf den Knieen liegen, und betete Je= sum an, mit dem festen Vorsatze, sich durch die heil. Taufe in das Christenthum aufnehmen zu lassen. Nach diesem Gebete verfügte er sich in die Synagoge, ließ allda die Gemeinde ver= sammeln, und hielt an sie folgende Rede:

„Ich war berufen, euch den Weg des Heils zu zeigen; allein ich selbst habe diesen Weg nicht gekannt, Gott hat ihn mir jetzt gezeigt." Nun erzählte er ihnen aufrichtig, was mit ihm vorgegangen, und fuhr alsdann fort: „Jesus, den unsere Väter verworfen haben, ist der wahre Messias; nur in ihm ist Heil. Ich halte mich zu ihm; wollt ihr mir fol= gen, so werdet auch ihr das Heil finden." — Hierauf eilte er zu einem katholischen Pfarrer, erzählte ihm den wunderbaren Vorgang, und bat diesen, er möchte ihm Unterricht ertheilen in der christkatholischen Religion, welches derselbe auch über= nahm, und ihn nicht lange nachher durch die heil. Taufe der Schaar der Christenheit einverleibte. Der Bekehrte er= lernte sodann die lateinische Sprache; und wird sich gegen= wärtig, wie dessen nachstehender Brief erweiset, in dem Se= minar zu Lüttich befinden, um sich da zum katholischen Prie= ster bilden zu lassen.

Abschrift des Briefes.

„Gelobt sey Jesus Christus.

„Sehr Ehrwürdiger Herr!

„Der Brief, den Ew. Ehrwürden mir zugesandt haben, und worin Sie das Verlangen ausdrücken, von mir zu hö=

ren, wie ich mich in meinem neuen Stande befände, war mir höchst angenehm. Ja, es ist wahr, daß ich durch die Gnade Gottes der römisch-katholischen Kirche zugeführt worden bin, für welche Gnade ich demselben nicht genug Dank sagen kann, weil ich mich dadurch in einem Stande befinde, worin ich bestimmt mein Heil wirken kann, wenn ich wie ein wahrer Christ lebe, und mich nach allen Kräften bestrebe, Das zu thun, was der göttlichen Majestät wohlgefallen mag. Ich zweifle nicht, daß Ew. Ehrw. einen großen Antheil an dieser meiner Sache nehmen werden; auch bitte ich Sie, mich in Ihrem Gebete mit einzuschließen, damit ich in diesem glücklichen Stande mit Standhaftigkeit verharren möge."

„Was meine Studien anbelangt, so befinde ich mich dermalen in der Rhetorik, und wenn es Gott gefällt, so hoffe ich um die bevorstehende österliche Zeit, mich nach Lüttich in das Seminarium zu begeben."

„Auch bitte ich Ew. Ehrw. mich stets mit Ihrer Freundschaft zu beehren; in welcher Hoffnung ich mit aller möglichen Unterwürfigkeit bin

Ew. Ehrw.

unterthänigster in Christo Jesu

Emmanuel Paulus Nicolaus Servatius

W e i l.

Mastricht, den 16. Jan. 1822.

Ueber den herrschenden Unfug auf deutschen Univerſitäten, Gymna=
ſien und Lycäen, oder : Geſchichte der akademiſchen Verſchwö=
rung gegen Königthum, Chriſtenthum und Eigenthum. Vitam
impendere vero. *Juvenal.* Von Karl Moriz Eduard Fabri=
tius, ehemaligen Stiftskapitularen zu St. Guido und Jo=
hann in Speier, nunmehr Großherzoglich Baden'ſchen Bib=
liothekar zu Bruchſal. Mainz, 1822, gedruckt auf Koſten des
Verfaſſers bei Joh. Wirth. In einem blauen Umſchlage.

⸻ Der würdige Herr Verf. *) wird durch die ehrfurchts=
vollen Zueignungen, mit denen er unſern erhabenſten Monar=
chen Europens und ihren edeln Miniſtern und Bundestags=
Geſandten, ſeine freimüthige Schrift widmet, den Unmuth
derer ſchwerlich von ſich weiſen können, gegen die er mit ſol=
chen wahrheitsſchweren Worten auftritt.

Der Gegenſtand, welcher in der Schrift ſelbſt behandelt
wird, liegt ſchon im Titel des Buches deutlich ausgeſpro=
chen vor Augen. S. 9 ſagt der Hr. Verf. : „In unſern Ta=
gen ſtreift man auf Gymnaſien, Lycäen und Univerſitäten
unſern Jünglingen alle Zügel der Religion ab, und macht
Gott zum bloßen Gedankending, zum Popanz, gut genug,
um Kinder zu ſchrecken, und den erwachſenen Pöbel in Re=
ſpekt zu halten.“ S. 13 heißt es : „Alles menſchliche Wiſ=
ſen ohne göttliche Weisheit wird Thorheit und am Ende
Raſerei, Fanatismus !“ S. 14 : „Wenn unſere Theolo=
gen es nicht dahin bringen, daß alle unſere Tugend Re=
ligion; — alle unſere Religion Tugend werde; — —
wenn unſere vorgeblichen Weltverbeſſerer, Ethiokraten
und Pädagogen ꝛc. nicht einſehen lernen, daß es ſchwerer
ſey, das Herz für Gott und Tugend zu gewinnen, als
den Verſtand zu überzeugen, ſo können ſie ſamt und

⸻⸻⸻⸻

*) Hr. Fabritius iſt vor Kurzem in Bruchſal geſtorben.

fonders ihr Handwerk nur niederlegen und ihre Plane aufge=
ben: sie sind auf Sand gebauet. Menschen allein können
ihr verdorbenes Geschlecht nie bessern, und durch unsere mo=
ralische Quacksalber ist es noch mehr verschlimmert worden.
Das beweiset die überall nothwendige Vermehrung unsrer
Zuchthäuser, Narrenhäuser, Krankenhäuser ꝛc.;
das beweisen die Kerker, Galgen und Räder, die man auf
allen Straßen, Anhöhen, Marktscheidungen, wieder aufrich=
ten muß, seitdem man das Zeichen unsers Heils überall
niedergerissen." Leider! nur zu wahre, und zu schwere Worte!
Denn (S. 15) „ohne Gott ist der Mensch nichts als ein
Ding aus Fleisch und Knochen, das mit sich selbst nichts
anzufangen weiß, als immer tiefer zu fallen, immer gebrech=
licher, immer abscheulicher zu werden." Die seit Jahren her
immer gemeiner werdenden Selbstmorde sind eine Wirkung
dieser Verlassenheit und Trostlosigkeit. O! es zeigt sich jetzt
mehr als je in allen Gesellschafts= und Lebensumständen und
in allen Verhältnissen, welche schreckliche Wirkungen der Mei=
nung entsprungen seyen: „daß Gelehrsamkeit das Höch=
ste für den Menschen sey." S. 17 — 25: „Gerade da=
rin liegt das Unheil der Zeit, daß man das Wissen als
das Höchste und Einzige betrachtet, und Jeder seine
Schuld an das Leben bezahlt zu haben gläubt, wenn sein
Name im Meßkatalog steht." Diese Wissensraserei war es,
welche (S. 26) „Christus als einen Taschenspieler, als einen
Apollonius von Thyana, als einen zweiten Philadelphia
darstellte, und in starren Gemüthern, wie die Kröte im
Stein, erzeugter Pantheismus dem Herzen des arglosen
Jünglings allen Glauben und alle Liebe nahm, und den
furchtbarsten Egoismus hervorbrachte, an welchem alle Staa=
ten untergehen müssen, wenn er noch allgemeiner werden
sollte, als er schon ist."

Was der Hr. Verf. vom deutschen Kosmopolitis=

muß sagt, ist eben so wahr, als er für ein natürliches Kind
der Deutschen angesehen werden muß. Wenn er nur seine
liebe pedantische Gelehrsamkeit auskramen darf, so ist er zufrieden., Diese Schwachheit ist eine Folge jeder Kosmopoli-
tenfaselei, und sie macht, daß (S. 29) „keine Nation weniger zu Revolutionen und blutigen Katastrophen aufgelegt ist,
als das ernsthafte Volk der Deutschen; und doch war Deutschland von jeher der Centralherd aller Umwälzungen, die seit
zehn Jahrhunderten die Gestalt des Continents verändert
haben. "

Sehr wahr ist auch S. 31 : „daß bei einer Regierung
von blosen Gelehrten die Unterthanen schwerlich gewinnen
dürften. Frankreich hat die traurigsten Beweise davon ge-
liefert." Die Geschichte unserer excentrischen Verstandeskultur
beweiset, daß auch die gegenwärtige Industrie = Manie ein
Erzeugniß unserer Gelehrtenweisheit ist, welche ohne Gott
und Religion fertig zu werden glaubt. Eben dieses bis zum
Wahnwitze getriebene neueste Erwerbs = und Erfindungssystem
soll Das leisten, was vorher das Wissen bewirken sollte, nämlich, die Erlösung des Menschengeschlechts von Dem allem,
was dasselbe drücket. Lauter Versuche der Verstandesverruckt-
heit und Gottlosigkeit; welche den Gedanken nicht aufgibt,
das Resultat endlich doch noch zu erreichen, welches Das
ist, daß der Mensch ohne Gott bestehen, und Ihn gänzlich
entbehrlich finden solle und könne. Welche Begriffe von Tugend =, Recht = und Wahrheitssinne in einem solchen Systeme
eingeschlossen liegen, ist leicht auszumitteln. Die Convenienz-
probität, die künstliche Schautugendhaftigkeit, welche eben diesen in hohen Stellen hausenden Wesen alles gilt, gehört un-
läugbar jenem Systeme der starresten Gottlosigkeit und Herzlosigkeit an. Auch ohne die schändlichen Grundsätze, welche
den Gliedern der insgeheim noch bestehenden, mit andern Namen verstellten, Verbindungen eigen sind, würde im thätigen

Amtsleben der Allermeisten jene so unheilige Denkart und Pro=
bitätsgrimasse herrschen. Die Grundsätze der Illuminaten,
und wie dieses Schlages geheime Brüderschaften alle heissen
mögen, bestehen annoch überall; so, daß nur selten ein Nicht=
affiliirter zu einer Stelle gelangen kann. Die Aemtersuchtigen
wissen das recht gut, und bequemen nur zu gerne sich zu den
freidenkerischen und egoistischrevolutionären Grundsätzen der
mächtigen Brüderschaft. So läßt sich auch die Verbrei=
tung und Herrschaft erklären, welche das System der Irre=
ligion und des Hasses der soliden Ordnung der Staaten al=
lenthalben hat.

Eine weitläufigere Entwickelung dieses Gegenstandes
würde uns zu weit führen. Aber dieß können wir nicht un=
berührt lassen, daß der Ursprung aller dieser fast unheilbar
gewordenen Uebel, von dem Hrn. Verf. nicht so unberührt
hätte übergangen werden sollen. Er verzeihe uns, wenn wir
seine Darstellung zu einseitig und daher nicht so unparteiisch
finden, als um der guten Wirkungen willen, welche sein
Buch haben sollte, nothwendig dieselbe seyn müßte. Man
lege sich nur die Frage vor: Wie war es den Gelehrten mög=
lich, in ihren unheiligen Verirrungen so weit zu gehen?
Fanden sie nicht gleich die verdiente Zurechtweisung und Be=
schränkung ihrer Entwürfe? Warum ließ man sie Grundsätze
aufstellen, welche gleich anfangs durch ihre Ausfalle gegen
die Religion und ihre Diener zeigten, daß sie gar nicht so gleich=
gültig zu übersehen wären, wie sie dennoch genommen wur=
den? Gewiß der Grund des ganzen Uebels liegt tiefer, und
muß unmittelbar ganz anderswo als darin gesucht werden,
wo wir, unparteiisch zu urtheilen, nur die Wirkung jener
vorhergehenden Umstände findend, ihn wirklich zu erkennen uns
bereden.

Das auffallend parteiische Schweigen eines Schriftstel=
lers über die Mängel und Gebrechen eines Theiles der Zeit=

genoſſenſchaft, und dagegen das leidenſchaftliche Verdammen
des andern Theiles, ſchadet überall der guten Sache der
Wahrheit nur zu ſehr. Der in Schutz genommene Theil,
wird allemal noch unverbeſſerlicher, weil er blindlings ge-
rechtfertigt wird. Die keinem ſo leicht unbemerkbare Partei-
lichkeit erbittert den ſchonungslos verurtheilten andern Theil,
ſo, daß in keiner Hinſicht aus der Sache etwas anders ent-
ſtehen kann, als Böſes für Alle.

Wenn unmöglich geläugnet werden kann,

> „Daß ſich in Moden und in Pflichten
> Die Völker nach den Fürſten richten,
> Und daß dem goldnen Spruch: kein Ding iſt unerlaubt,
> Ein Potentat am erſten glaubt."
>
> Pfeffel.

Und: „Wenn man die Pyramide auf die Spitze ſtellt; wenn
man ſo handelt, als wäre der Menſch des Staates, und
nicht der Staat wegen des Menſchen da; ſo geräth man in
ein Labyrinth von Ungerechtigkeit, aus welchem kein leitender
Faden führt *)." Wenn, wie derſelbe chriſtliche Verfaſſer **)
ſagt: „Ein chriſtlicher Trajan, das heißt, ein Alfred
oder ein Ludwig der Heilige, ein ſeltnes Geſchenk
der göttlichen Vorſehung iſt; ſo dient man unmöglich der
Wahrheit, wenn man ſie nur einſeitig zugibt, und, aus welchem Grunde es auch geſchehe, ihr auf der andern Seite
ſeine Huldigung verſagt, ein Verfahren, welches das Gehäſſige
und Tadelswerthe nur noch mehr hervorhebt, vor dem man
ſo augenſcheinlich die Augen zudrückt. — Geſtehen wir lieber
redlich, daß nicht blos einer Seits gefehlt worden, ſondern
allerſeits annoch groß gefehlt werde. Der verewigte Sam-

---

*) Geſchichte der Religion Jeſu Chriſti von Stolberg, IX. B.
    S. 524. Schweizer Ausgabe.
**) XII. B. S. 418.

buga sagt *) in seinen Briefen: „Es scheint nicht mehr die Zeit zu seyn, wo ein ehrlicher Mann mehr erfreuet wird." Ach, am Spieltische gewinnt man keine Tugenden, und bei ewigen Staatsränken und Vergrößerungsschritten zur Macht und Willkühr, noch weniger. Die Völker fahren dabei nicht besser. Wer von Religion und Achtung für dieselbe sprechen will, wird sie nicht als verdächtige, dienstbare Magd und Sklavin behandeln, noch sie ihres heiligen Eigenthums entblößen, unter dem Vorwandte eines bessern Gebrauches, wobei, wie der schrecklichste Unsegen, das Vermögen der Uebrigen vollends mit dahin schwindet. Die Grundsätze der Irreligiosität herrschen nicht blos in diesem oder jenem Stande, nicht blos unter Gelehrten von Profession. Ohne höhern Schutz hätte nicht Freidenkerei, noch ränkesüchtiges geheimes Verbindungswesen so stark und mächtig werden können. Ohne auffallende höhere Gebrechen hätte die Sprache der Revolutionärs nicht bei dem allgemeinen Unmuthe so vielen Eingang gefunden. Und wem verdanken wir den so abscheulichen Grundsatz: daß nichts mehr gut, nichts mehr achtungswürdig ist, als Das, was Vortheil bringt? Wann herrschte dieser Glaube gewaltiger als jetzt? Alle Anstrengungen des Verstandes, wohin zielen sie, als auf Erwerb, auf Gewinn? dazu zwingen die unerschwinglich gewordenen Staatsbedürfnisse, die rücksichtlos erlaubten Erschöpfungen der arbeitenden Klasse. Eine solche Lage drängt den Menschen vollends vom letzten Gedanken der Anhänglichkeit an Gott und seine sorgende Fürsehung ab. Er behält keinen Athem mehr für was es, außer kümmerlichen Erwerb, sey. Wo findet das Gemüth annoch Forderung zum Glauben an Gott und Tugend, in diesem Abgrunde der Selbstsucht, des Uebermuths und der Erbarmungslosigkeit gegen die Bedrängnisse der Mehrzahl? Nicht

---

*) B. 2 S. 127.

die Völker haben das Unheil der Zeit erzeugt, sondern die ungenügsame, und verkehrte Sitte Derer, welche auf die Völker zu wirken die Mittel und Gelegenheit an die Hand gaben, und selbst mitwirkten. Nun sollen die Völker es büßen, daß sie ihr Ungemach, welches über sie gebracht wurde, als Ungemach fühlen.

Fenelon sagt: „Der wahre Ruhm findet nur statt, wo Mäßigung und Güte herrscht *)." Wir setzen hinzu: „Der Völker Glück ist blos Geschwätz, wo Mäßigung und Güte ihren Regierungen nichts sind, und diese durch Gewalt und Argwohn die Klagen wie die bestehenden Mängel ersticken wollen.

Glaubt ihr wohl, daß es mit der Menschheit besser werden würde, wenn aus den Köpfen und Herzen der sogenannten Gelehrten, aus allen Büchern und Schulen die schändlichen Grundsätze der Irreligiosität und des Hasses der bestehenden Staatsverfassungen vollkommen ausgerottet würden? Gäbe es dann Nichts mehr, was verwerflich und unheilig wäre? Würde dann das Zeitalter der Gerechtigkeit, der Menschlichkeit und Wahrheit blühen? oder würden die Menschen vollends ihr ganzes Daseyn zu verfluchen sich gezwungen sehen? Alle, Alle müssen besser werden, wenn es gut werden soll. Nicht blos am Fuße des Menschen muß man Gebrechen suchen und finden; wenn Krankheiten und Häßlichkeiten die obern beßten Theile des Körpers so sehr entstellen, und die übrigen Glieder durch ihre Mittheilung immer unheilbarer und schmerzhafter werden.

Mit dem Allem wollen wir den so wahren Aeusserungen des Hrn. Verf. nichts von ihrem Werthe benehmen; wir pflichten ihm in Allem dem gänzlich bei, was er über seinen Gegenstand vorbringt. Doch möchten wir seine Sprache selbst

*) La vraie gloire ne se trouve que dans la modération et dans la bonté.

da und dort minder erbittert finden. Seine Benennungen, womit er die Verbrecher bezeichnet, sind oft zu leidenschaftlich, was dem Rechte der Verdammung, die er über sie ausspricht, immer zum Nachtheile ist. Selbst die Wahrheit hat ihre Schranken, die nie, ohne ihr selbst zu schaden, überschritten werden dürfen. Zu weit getriebener Eifer, verfällt nur zu leicht in Fehler, welche gegen unbefangene, ganz richtige Ansicht der Dinge verstoßen, und oft gegen die Billigkeit sündigen machen.

Des Vinzentius Lerinensis Commonitorium, oder katholische Glaubensregel. Aus dem Lateinischen übersetzt von Franz Geiger, Chorherrn und ehemaligen Professor der Theologie in Luzern. 1822. Luzern, gedruckt im Verlag bei Georg Ignaz Thüring und Sohn.

Es hat wohl schwerlich Etwas eine größere Celebrität erhalten, als der bekannte Spruch des Vinzentius von Lerin: «quod semper, ubique, et ab omnibus creditum est.» Nicht nur Katholiken, sondern auch Protestanten haben sich auf ihn berufen und denselben als Maßstab der Orthodoxie anerkannt. Wie schätzbar muß daher das Werk seyn, aus welchem dieser Spruch genommen ist! — Es ist das allgemein bekannte Commonitorium des Vinzentius Lerinensis, ein Werk das wohl eines der schätzbarsten des ganzen christlichen Alterthums ist. Rich. Simon nennt es (Critique de la Biblioth. des Aut. eccl. de M. Du Pin. Tom. I. p. 191 sq.) ein ganz goldenes Buch; und der berühmte Protestant Calixtus, der eine Ausgabe davon mit einer sehr empfehlenden Einleitung besorgt hat, kann es nicht genug anrühmen, und wollte es eben deßwegen zum Maßstab seiner projektirten Religions-Vereinigung gebrauchen. Und in der That ist auch nichts angemesseneres den wahren Glau-

ben und das echte Christenthum zu finden, als die Regeln,
die Vinzentius von Lerin angegeben hat. Schrift und
wahre Tradition sind seine Quellen, aus welchen er den
wahren Glauben schöpft, und denselben stets geschöpft wis=
sen will. Wer nicht aus diesen Quellen schöpft, der läuft
Gefahr, Irrthum statt Wahrheit zu erhalten; und wer die=
sen entgegen arbeitet, der ist schon auf Irr= und Abwegen,
und bringt Dinge hervor, die alles, nur nicht wahrhaft ka=
tholisch seyn können; der ist oder wird ein Ketzer. Dieß
ist so beiläufig die Haupttendenz des Vinzentischen Commo=
nitoriums. Aber das Buch ist so schön, so merkwürdig in
allen seinen Theilen, besonders für unsere neuerungssüchtige
Zeit, daß es in der That das größte Verdienst ist, dasselbe
wieder neuerdings in Erinnerung gebracht zu haben.

Der würdige Veteran in der gelehrten Welt, Hr. prof.
Geiger, hätte daher keinen glücklichern Gedanken haben
können, als die Uebersetzung dieses Commonitoriums in unsre
deutsche Muttersprache zu besorgen. Das lateinische Origi=
nal ist theils so selten, daß man es kaum mehr bekommt,
da durch Aufhebung der Klöster dergleichen Werke entweder
verschleudert, oder in Orte hingesteckt wurden, die sehr We=
nigen zugängig sind; theils finden leider heutiges Tages
lateinische Bücher, bei unserer Manie zur Deutschkirchlerei, sehr
wenige Liebhaber. Es ist daher ein großes Verdienst für den
unermüdeten Verfechter der katholischen Kirche, der bis in
sein höchstes Alter nicht aufhört für Christus und seine heil.
Kirche rastlos zu arbeiten, daß er diese wichtige Schrift durch
seine Uebersetzung wieder ins Andenken gerufen, und die da=
rin enthaltenen Grundsätze zu erfrischen gesucht hat. Be=
sonders bei einer so bewegten Zeit, wo nichts als Neuerungs=
und Reformationssucht an der Tagesordnung ist.

Man lese die Glaubensregel des Vinzentius, und man
wird finden, woran man ist. Man wird finden, an was

man sich bei dem Zeitsturme, der alles niederzureissen droht, zu halten hat; man wird finden, wozu auch dieses Toben und Rasen der Unsinnigen frommt; man wird finden, womit man beim allgemeinen Jammer sich noch trösten und beruhigen kann. . .

Eine Anzeige dieser erfreulichen Erscheinung würde allerdings hinreichend seyn, zumal bei einem Werke, das so allgemein bekannt ist, oder wenigstens unter den Theologen bekannt seyn sollte. Allein da das Werk von so großer Wichtigkeit ist; so wird man es uns zu gut halten, wenn wir hier recht Vieles aus demselben ausziehen und unsere Leser völlig damit bekannt machen.

Möchten wir sie dadurch lüstern machen, daß sie das höchst interessante Büchlein, das nur 84 Seiten in kl. 8. zählt, und also nicht viel kosten kann, selbst anschafften und läsen.

Vinzentius Lerinensis war bekanntlich ein heiliger Vater, der im Anfange des 5ten Jahrhunderts lebte. Er war ein geborner Gallier, der nachdem er eine Zeitlang Militärdienst und bürgerliche Aemter bekleidet hatte, in dem Kloster der Insel Lerina oder Lirinum, jetzt St. Honoré, an den Küsten von Provence, ein Mönch und zugleich Presbyter wurde (Gennad. de vir. illustr. c. 64.).

Im Jahr 434 arbeitete er seine Erinnerungsschrift wider die Ketzer (Commonitorium adv. hæreticos) aus, worin er sich und Andere an die Lehren der Kirche erinnern wollte, welche er zur Verwahrung gegen allen Glaubensirrthum am dienstlichsten fand. Er nannte sich in der Aufschrift derselben Peregrinus; vermuthlich, um sich, seinem Mönchsstande gemäß, als einen Fremden und Wanderer in der von ihm verlassenen Welt darzustellen. Voß in seiner Histor. Pelag. Dü Pin in seiner Nouv. Bibl. des Aut. ecclés. Tom. IV. pag. 172, auch Card. Noris, welchem selbst der verstorbene Prof. Schwarzel von Freiburg in seinem Elenchus

S. Patrum, beitrat, möchten ihn gerne des Semipelagianis=
mus beschuldigen; allein dem Tillemont kam es schon
schwer an, dieses zu behaupten, Baronius hingegen spricht
ihn von dieser Mackel ganz frei, wie man es auch nach sei=
nem Commonitorium nicht wohl anders kann.

Billig sagt der Hr. Geiger in seinem schönen Vorworte:
„Dieses Commonitorium hatte von seinem Entstehen an bis
auf unsere Zeiten die Zustimmung der ganzen Kirche für sich,
und man nannte es gemeiniglich das goldene Büchlein. Es
drückt also die einstimmige Lehre der Kirche aus.“

Deßwegen hat sich der würdige Hr. Uebersetzer, wie er
ebenfalls in seinem Vorworte sagt, auch bewogen gefunden,
dieses berühmte Buch zum Behufe der Katholiken, die nicht
lateinisch verstehen, in einer getreuen Uebersetzung, mit der
Warnung: „Haltet unerschüttert an dem Alterthume; denn
„was einmal göttlich war, ändert niemals. Was Christus
„gestern war, und heute ist, das war er von Ewigkeit, und
„wird es in Ewigkeit seyn,“ zu liefern. Und wir freuen
uns dessen, weil es wirklich vorzüglich dazu geeignet ist,
dieses Halten an's alte Christenthum im neuen
Heidenthume zu bewirken. Es ist leider ganz wahr, was
der Hr. Uebersetzer gleich im Anfange seines Vorwortes sehr
richtig sagt: „Die Meinungen über Religion, Christenthum,
Kirche ꝛc. drängen sich in unsern Tagen einander, und ver=
drängen sich gegenseitig so schnell, wie die Wellen des Meeres
bei einem heftigen Sturme. Aus bösen Absichten oder aus
Leichtsinn werden die Begriffe dieser Gegenstände vielfach ver=
wirrt. Ehedem wußte man nur von einer einzigen katholi=
schen (allgemeinen) Kirche: heut zu Tage spricht man von
einer allgemeinen (also katholischen) Kirche, welche aber
ganz geistig und unsichtbar wäre, und in welche alle Sekten
sich verschmelzen sollen. Selbst die alte, schon über achtzehn
Jahrhunderte bestehende sichtbare katholische Kirche sollte mit

den schon in einander verschmolzenen Sekten amalgamisirt werden."

Es war in der That ein toll boshafter Gedanke unsrer neuesten Reformatoren, ihr Machwerk und ihr neu projektirtes Heidenthum „katholisch" zu nennen; theils um die Einfältigen damit zu bethören, als wenn sie den wahren Katholicismus hätten; theils der Welt weis zu machen, als wenn ihr neu erfundenes Heidenthum schon so uralt und allgemein wäre. Allein so weit ist es noch nicht gekommen. Es ist zwar arg und der Apostel dieses neuen Heidenthums gibt es Viele und in mancherlei Gestalten. Deßwegen ist es auch „von großer Wichtigkeit," wie Hr. Geiger weiter in seinem Vorworte sagt, „daß wir unsern unstudirten, redlichen Katholiken unbefangen sagen, was denn eigentlich die katholische Kirche sey; für was man sie in den ersten Jahrhunderten angesehen habe; und was sie auch nach der Verheißung Jesu Christi bis an das Ende der Welt bleiben wird." —

Auch Vinzentius sagt gleich im Anfange seiner Schrift, daß er sich das aufschreibe, was ihm die heil. Väter mit aller Treue überliefert haben; „weil die Betrügereien der neueren Irrlehrer alle unsere Sorge und Wachsamkeit in Anspruch nehmen." Sollten die Betrügereien und seinen Ueberlistungen unserer zeitgeistigen Irrlehrer nicht auch alle unsere Sorge und Wachsamkeit in Anspruch nehmen? Vinzentius gibt daher gleich darauf in Demuth seines Herzens zu erkennen, wie er sich in dieser schlüpfrigen Lage geholfen hat; er sagt: „Ich erkundigte mich oft, fragte fleißig und aufmerksam die heiligsten und gelehrtesten Männer, was für eine Norm die richtigste, und welcher der sicherste Weg sey, der Irrlehren Falschheit von der Wahrheit des katholischen Glaubens zu unterscheiden: und beinahe Alle gaben mir immer diese Antwort: wenn ich, oder wer es sey, die Betrüge entstehender Irrlehrer entdecken, ihren Fallstricken entgehen, und fest auf dem wahren Glauben bestehen wolle, so habe ich mit Gottes Hülfe, zwei Schutzwehren: Erstens das Ansehen der göttlichen Schriften, und dann die Uebergabslehre der katholischen Kirche." —

„Auch selbst in der katholischen Kirche, sagt er weiter, muß vorzüglich dafür gesorgt werden, daß wir das Festhalten, was überall, was allezeit und was von Allen geglaubt worden ist: denn nur Das ist wahrhaft und eigentlich katholisch." Dieses beweiset Vinzentius sehr schön durch die Beispiele von den Zeiten des Donatus und des Arius; wo das Gift der Neuerungen so vieles Uebel gestiftet hatte, „und dieß geschah Alles darum, sagt er, weil man an die Stelle göttlicher Lehren, menschlichen Aberglauben setzte, den Grund des Alterthums durch gottlose Neuerungen zerstörte, Das, was unsere Altvorderen einsetzten, umwarf, die Aussprüche der Väter und die Entscheidung der Alten zerriß und zernichtete: weil sich die unheilige und lüsterne Neuerungssucht durch die geheiligten, reinen und unverdorbenen Schranken des Alterthums nicht mehr wollte zügeln lassen." Ist es bei unsern unglücklichen Zeiten anders?

Der Einwurf: „Warum Gott zuläßt, daß gewisse hohe, in der Kirche aufgestellte Männer den Katholiken neue Lehren verkünden?" wird vortrefflich durch Moses, Deut. 13, gelös't, wo er sagt: „Weil euch Gott euer „Herr prüfet, damit es offenbar werde, ob ihr ihn von gan„zem Herzen und von ganzer Seele liebet, oder nicht." Hell am Tage liegt also die Ursache, warum Gottes Vorsehung zuweilen zuläßt, daß gewisse Lehrer in der Kirche neue Lehrsätze vortragen: damit, wie Moses sagt, Gott euer Herr euch prüfe." „Es ist auch, fährt Vinzentius fort, in der That eine große Prüfung, wenn derjenige, den du für einen Propheten, für einen Schüler der Propheten hältst, für einen Lehrer und Verfechter der Wahrheit, gegen den du

hohe Verehrung und Liebe getragen hast, mit Einemmal auf
Schleichwegen schädliche Irrthümer einführt, welche du aus
Vorurtheil für deinen alten Lehrer nicht sogleich entdecken
kannst; auch nicht so leicht zu verdammen wagest, aus Liebe
zu ihm." Sind wir dieser harten Prüfung nicht schon seit
mehreren Jahren unterworfen? Vinzentius führt als Beispiele den Nestorius, Photinus und Apollinaris an,
und setzt zugleich die Ketzereien dieser Männer, mehr aber
die katholische Lehre, sehr deutlich und scharfsinnig auseinan-
der, so daß man sich dabei überzeugen kann, wie alt und
ächt die dießfallsige katholische Lehre ist. Eben so scharf be-
urtheilt er den Origenes, und zeigt in ihm, wie man auch
von dem größten Manne verführt werden kann, wenn er von
der Lehre der Kirche abweicht und seinen eigenen Einfällen
Anhänger verschaffen will. „Da also Origenes, sagt Vinzentius, ein Mann von dieser Größe, von diesen Eigenschaften, aus zu großem Selbstvertrauen von der Gnade
Gottes nicht den rechten Gebrauch machte; da er seinem
Verstand ein zu weites Feld ließ, sich selbst zu viel glaubte;
da er die alte Einfachheit der Religion Christi verschmähete;
sich einbildete, mehr als alle Uebrigen zu wissen; die kirchlichen
Traditionen und die Lehren der Vorfahren verachtete, und
gewisse Stellen der heil. Schrift auf eine neue Weise aus-
legte: so wurde die Kirche Gottes auch in Ansehung seiner
durch den Ausspruch gewarnt: „Wenn in deiner Mitte ein
„Prophet aufsteht, ... so sollest du die Worte dieses Pro-
„pheten nicht anhören.", weil euch Gott euer Herr prüfet,
„ob ihr ihn liebet, oder nicht." — „Es war freilich," fährt
Vinzentius noch immer vom Origenes fort, (man könnte meinen, er spreche im 19ten Jahrhunderte!) „es war freilich
eine Prüfung und zwar eine große, da er die Kirche auf einmal von der alten Religion abwenden, und unvermerkt,
Schritt vor Schritt, zu einer profanen Neuerung verleiten

wollte; jene Kirche, die ihm so sehr ergeben war, die so
zu sagen, an ihm hieng, seines bewunderungswürdigen Ver=
standes, seiner Wissenschaft, seiner Beredsamkeit (wenn auch
nur in scriptis), seines Wandels und seines angenehmen Wesens
halber, und so etwas weder vermuthete noch fürchtete.“ —
„Diese und noch, unzählige große Beispiele in der Kirche,“
setzt Vinzentius hinzu, und wir konnen es um seiner Wich=
tigkeit und Anwendbarkeit willen auf unsere Zeiten nicht über=
gehen, „sollen uns ungemein aufmerksam machen, und der
Ausspruch Moses soll uns zur klaren Ueberzeugung bringen,
daß wenn hie und da ein Lehrer der Kirche vom Glauben ab=
weicht, es aus Zulassung der Vorsehung geschehe, um uns
zu prüfen, ob wir Gott von ganzem Herzen, und von gan=
zer Seele lieben oder nicht. So ist denn Jener ein wahrer und
echter Katholik, der die göttliche Wahrheit, der die Kirche
liebt, die der Leib Christi ist; der die göttliche Religion und
den katholischen Glauben für das Höchste schätzt, und alles
Andere, das Ansehen irgend eines Menschen, seine Freund=
schaft, Verstand, Beredsamkeit, Philosophie, tief unter dem=
selben achtet; über alles Andere hinaussieht, fest und stand=
haft bei Dem verbleibt, und nur Das zu glauben und fest
zu halten beschließt, wovon er weiß, daß es allgemein die
katholische Kirche von Alters her geglaubt und gehalten hat.
Wenn er hingegen bemerkt, daß irgend Einer in der Folge
Etwas ohne, oder gegen alle übrigen Heilige, als etwas
Neues und Unerhörtes einführen will, das erkennet er als
nicht zur Religion gehörig, und sieht es als Versuchung an,
vorzüglich belehrt durch den Ausspruch des heil. Paulus, da
er im ersten Briefe an die Korinther schreibt: I. Kor. XI.
„Es kann ohne Trennung nicht ablaufen, damit unter euch
„offenbar werde, wer die Bewährten seyen.“ Eben, als wenn
er sagen wollte: Gott vertilge die Urheber der Ketzereien
deßwegen nicht sogleich, damit die Bewährten offenbar wer=

den; das ist: damit es an den Tag komme, wer den katholischen Glauben standhaft, getreu und unerschüttert liebe. Aber es unterscheidet sich auch bei Aufkeimung einer Neuerung auf der Stelle, was schwer wichtiges Getreide, und was nur leichte Spreue ist. Was nicht schwer wichtig ist, hält sich nicht auf der Tenne, sondern wird ohne Mühe hinausgewähet: denn einige fliegen schnell davon; andere werden so zu sagen hinausgewähet, fürchten zu Grunde zu gehen und schämen sich doch zurück zu kehren: sie sind verwundet; schweben zwischen Leben und Tod; sie haben so viel vom Giftbecher getrunken, daß es sie zwar nicht tödtet; und dennoch können sie es nicht verdauen; es läßt sie weder sterben noch leben. Wie elend ist dieser Zustand! von welchen Sorgen sind sie geänstiget, von welcher Verwirrung gequält! Bald reißt sie der Sturmwind des Irrthumes in seinen Wirbel fort; bald kehren sie, wie von der Gegenwelle zurückgeprellt, wieder in sich selbst zurück; bald sind sie so verwegen und anmaßend, daß sie das Ungewiße bejahen; bald überfällt sie eine so vernunftlose Furcht, daß sie selbst vor der Wahrheit zittern; sie sind unschlüssig, auf welchem Wege sie vorwärts oder zurück gehen sollen, und wissen selbst nicht, was sie verlangen, was sie fliehen, was sie behalten, was sie wegwerfen sollen. Wären sie vernünftig, so würden sie fuhlen, daß gerade dieser elende Zustand ihres zweifelhaften und wankelmüthigen Herzens die Arznei wäre, womit Gottes Erbarmung sie heilen will. Denn eben weil sie den einzig sichern Hafen des katholischen Glaubens verlassen haben, werden sie von den Stürmen ihrer eigenen wandelbaren Gesinnungen gestoßen, gepeitscht, an den Rand des Todes getrieben; damit sie die hochangeschwollenen Segel ihres Gemüthes, die sie zum Spiele des Neuerungs-Windes aufgezogen haben, wieder streichen, in den treuen Zufluchtshafen der ruhigen und guten Mutter zurückkehren, die bittern und trüben Fluthen des Irrthumes vorerst wieder auswerfen sollen, damit sie fürderhin die Quellen des fließenden lebendigen Wassers kosten können. Sie müssen wieder heilsam verlernen, was sie unheilsam gelernt haben, und begreifen, was sich von der gesammten Lehre der Kirche begreifen läßt, und glauben, was sich nicht begreifen läßt." „Wenn ich demnach alles hin und wieder überlege, so kann ich mich nicht genug verwundern über die Tollheit gewisser Menschen, über ihre gottlose Herzensblindheit, und über ihren lüsternen Hang zum Irrthume; daß sie mit der einmal gegebenen und von den Altvätern erhaltenen Glaubensregel nicht zufrieden, sich ein Geschäft daraus machen, täglich Neuerungen und wieder Neuerungen aufzusuchen, und immer zur Religion hinzuzusetzen, davon hinwegzunehmen, oder etwas an ihr abzuändern eben als wenn das einmal geoffenbaret Dogma, gerade weil es göttlich ist, nicht unabänderlich in sich selbst bestünde; oder als wenn es eine menschliche Einrichtung wäre, die zu ihrer Vollständigkeit des ewigen Verbesserens und einer ununterbrochenen Kritik bedurfte, ꝛc."

Gegen diesen Lerinensischen Grundsatz haben freilich unsere Verbesserer Vieles einzuwenden, und glauben, daß man täglich weiter schreiten und eben deßwegen täglich verbessern und vervollkommnen müsse. Aber gerade diesem Einwurfe begegnet unser Vinzentius sehr kräftig.

„Sollte man denn, fragt er selbst, in der Kirche Christi, keine Fortschritte in der Religion machen dürfen? Freilich sollte man solche, und zwar sehr große machen : denn wer würde solchen Neid gegen die Menschen, und solchen Haß gegen Gott hegen, dieses verhindern zu wollen; aber dieses soll ein Fortschreiten in dem Glauben selbst, keine Veränderung desselben seyn ꝛc." Diese äußerst merkwürdige Stelle muß selbst in dem Werke nachgelesen werden, wl sie zu lang ist, als daß sie hier angeführt

werden könnte. Ueberhaupt ist dieses Büchlein so wichtig,
daß man nicht genug darauf aufmerksam machen kann. Wir
hätten daher noch große Lust, Mehreres davon auszuziehen,
wenn es uns der Raum unserer Zeitschrift gestattete. Allein
wir müssen uns wirklich Zwang anthun, um nicht über Ge=
bühr unsere Rezension, die eigentlich nur eine Anzeige hätte
seyn sollen, auszudehnen.

Wir danken daher nur noch dem thätigen Herrn Ueber=
setzer, daß er dieses goldene Büchlein wieder ans Licht gezo=
gen und allgemein brauchbar gemacht hat. Möchte er seine
Mühe nicht umsonst gehabt haben, sondern recht viele Leser
finden! damit das unselige Neuern einmal ein Ende nähme,
und das alte, göttliche Christenthum, das allezeit, von
Allen und überall seit seinem Ursprunge geglaubt wor=
den ist, wiederum grünte, aufblühte und jene hundertfältigen
Früchte trüge, die ihm verheissen sind.

P. E.

Ein Dutzend kurzer Lebensgeschichten heiliger Bürger, Handelsleute
und Wirthe. Ein Geschenk für junge Christen, insbesondere für
solche, welche in diesen Ständen heilig zu leben und zu sterben
wünschen. Von Franz Lothar Marx. Frankfurt am Main, in
der Andreäischen Buchhandlung 1822.

Der Hr. geistliche Rath Marx von Frankfurt hat uns
abermal mit einem Dutzend kurzer Lebensgeschichten, und
zwar mit Lebensgeschichten von heil. Bürgern, Handelsleu=
ten und Wirthen beschenkt, damit jeder Stand auch seine
eigenen Beispiele und Muster habe, und der Bürgerstand et=
wa nicht glaube, heilig leben sey nur für die Geistlichen
und Klosterleute, er aber habe weder Pflicht noch Recht zum
heilig leben und sterben.

22*

. . Wir haben es schon in unserm XII. Heft v. J., wo
wir die vorhergegangenen Bändchen anzeigten, bemerkt : daß
es ein sehr glücklicher und heilsamer Gedanke des Hrn. Verfe.
gewesen sey, solche kleine Lebensgeschichten, Beispiele der
Tugend, Gottesfurcht und des christlichen Heldenmuthes, den
Unstudirten für die elende, Herz und Geist verderbende, Roma-
nenlektüre in die Hände zu geben. Solche schöne und besonders so heroische Beispiele ziehen an, sie machen Jedem,
der noch religiösen Sinn hat, nicht nur dem gemeinen Manne,
seine Religion lieb und werth, wenn er so viele muthvolle
Opfer sieht, die Alles für sie hingegeben, ja selbst ihr Leben
mit Freuden dafür aufgeopfert haben. Wenn auch heutiges
Tages der Märtyrer-Tod gerade nicht mehr nöthig seyn
sollte ; — ? — so machen derlei Beispiele Muth, den leicht-
fertigen Spott unserer heutigen Atheisten und die frevelhaften
Verläumdungen der Akatholiken zu ertragen. Oder wer sollte
nicht Muth bekommen, auch Etwas für seine Religion zu
leiden, wenn er lies't, wie Vieles die heil. Märtyrer, die
nur in diesem Büchlein angeführt sind, ausgestanden haben ?
wie sie standhaft bei allen Ueberredungen, bei allen Schmeiche-
leien und bei allen auch den härtesten und langsamsten Martern geblieben sind. Man muß wirklich ob dem übermensch-
lichen Muth erstaunen, welchen die heil. Blutzeugen Thara-
cus, Probus und Andronicus gezeigt haben. Und
wer dabei nicht die Ueberzeugung faßt, daß man so was nicht
leiden konnte, wenn man nicht innigst von seinem Glauben
überzeugt war, und ich möchte noch sagen : wenn man nicht
von Oben dazu ausserordentlich gestärkt worden ist, der ist
wahrlich weder einer Ueberzeugung fähig, noch würdig. —
Also auch der Zweck, den sich der Hr. Verf. vorgesteckt
und in seiner Vorerinnerung geäussert hat, wird durch seine
fromme Arbeit erzielt werden : daß nämlich „junge (auch
alte) Bürger es sich zum Grundsatze machen, Gott im Geiste

und in der Wahrheit anzubeten, und sich von der Wahrheit,
Vortrefflichkeit und Göttlichkeit der christlichen Religion voll-
kommen zu überzeugen, „um jederzeit bereit zu seyn, einem
„Jeden genug zu thun, der Rechenschaft von ihnen über die
„Hoffnung, die sie haben, fordern wird“ (1 Petri III, 15).“

Wir wünschen nur, daß diese schönen Lebensgeschichten
recht Vielen in die Hände kommen möchten. Sie sind aber
nicht nur schön ihrem Inhalte, sondern auch ihrem Aeussern
nach. Sie sind, wie die übrigen, in 18° auf schönes weißes
Papier korrekt gedruckt, so daß sie sich zu sehr nützlichen
und angenehmen Geschenken eignen.

P. E.

Maria, die unbefleckte Jungfrau, und Mutter des Herrn, und der
Liebe, der Unschuld und der Gottseligkeit. — Als Probe eines
künftig erscheinenden Werkes zur Beförderung der Religiosität,
und zur Warnung gegen unsere Zeitdenkart.

In der Anweisung der Kirche zur besondern Verehrung
der seligsten Jungfrau und Mutter des Sohnes Gottes
liegt ein so zarter, ein so frommer Sinn, daß nur das
starrste Vorurtheil ihn verkennen kann *). Die mütterlich

*) Die Verbreitung und Unterhaltung solcher von einigen leiden-
schaftlichen Menschen erzeugten Meinungen, und ungöttlichen
Widersprüche, gründet sich wohl vorzüglich auf den so tief
in uns liegenden Trägheits- und Sklavensinn, welcher lieber
nachbetet, als selbst denkt; lieber schnöde aburtheilt, als unparteiisch erforscht und erwäget; lieber wegwirft, eine Arbeit,
die dem Dünkel der Unfehlbarkeit so sehr zusagt, als der
Untersuchung des Gegenstandes sich unterwirft; bei welchem
Geschäfte man sich nicht so leicht des Gedankens an Irrthum
und unsicherer wankender Einsichten erwehren kann. Solche

forgsame Kirche stellt Maria als Muster einer Jungfrau ohne Makel, und dann als fromme, Gott-ergebene und lie= bende Mutter vor. — „Siehe! ich bin eine Magd des Herrn; mir geschehe, wie du gesagt hast." (Luk. I, 38.) Welches Gottes= vertrauen, welche demuthige Gottergebenheit, fern von allem dünkelhaften Widerspruchssinn! fern von rechthaberischer Grü= belei! Ist nicht dieser kindlichherzliche und über allen Erden= sinn erhabene Glaube an Gottes Wahrhaftigkeit und Treue das rührendste Muster jedes göttlichen Menschensinnes? Gibt es ein schöneres Bild der Demuth dieser Tochter aus dem Stamme David? Lassen sich die feinen Züge und Beweise des Glaubens an Gottes väterliche Leitung, in dem Leben derselben verkennen? Wer ihre gewissenhafte Aufmerksam= keit auf Alles, was ihr mit dem Kinde Jesus begegnete, als Anzeige eines befangenen Geistes, einer abergläubischen Denkart anzusehen sich genöthigt erachtet, der mag sich in dieser Ansicht ihres Charakters groß dünken; aber von Gottessinn und Glauben an seine Leitung der Schicksale eines Jeden seiner Kinder, hat er keine Ahnung. Elisa= beth, die fromme Base der heiligen Jungfrau, erkannte

---

Vorstellungen schmeicheln nicht dem höhern Selbstdünkel; da= rum entfernt man lieber Alles, was auch nur auf die ent= fernteste Weise ihm entgegen wirken könnte; und daher der uns so eigene Absprecherton, welcher selbst als ein wohlrie= chendes Huldigungsopfer unserm Verstande sich darbringt; wie denn sogar der Nachbeterton der Behauptungen Anderer, die= selbe Schmeichelei unseren Einsichten unterschiebt, und uns dem wegen seiner Weisheit angesehenen Sprecher, wo nicht an die Seite, doch recht nahe rückt. Jeder schließt sich lie= ber dem in der Welt gepriesenen, als dem gleichgültigen, un= bedeutenden Menschen an, wenn Letzterer auch der unbe= scholtenste, und Ersterer der unsittlichste Mann wäre.

beffer diese wichtige Wahrheit, indem sie ihr, das Herz voll
Seligkeit und dankbarem Frohloken, zurief: „Glückliche du!
daß du geglaubet hast! denn Gott wird gewiß erfüllen die
Verheiſſung, die Er dir gegeben hat.“ Maria rief dagegen:
„Meine Seele erhebet den Herrn, und mein Geiſt frohlocket
in Gott meinem Heilande! denn er hat ſo gnädig angeſehen
ſeine niedrige Magd . . . . Er der da mächtig und deſſen
Name heilig iſt, hat Wunder an mir gethan.“ (Luk. I,
45 . . . 49.)

. Daß Maria ihre Niederkunft in einem Stalle halten
mußte, dieſer Umſtand ſtörte nicht ihren feſten Glauben an
Gottes beſondere Leitung der Schickſale ihres Kindes. Als die
Hirten die Erſten waren, welche Gottes Weisheit zur An-
betung des neugebornen Erlöſers rief, drückte die Fromme
dieſe Begebenheit, ſo wie die Erzählungen der Hirten tief in
ihr Herz ein (Luk. II, 19.). Sie hatte zu regen Gottes-
ſinn, als daß der Charakter dieſer Armen und Unſtudirten,
in ihr Zweifel über die Glaubhaftigkeit ihrer Zeugniſſe erhoben hätte. Ihre Ueberzeugungen von ihrer hohen Beſtimmung
zur Mutter des Herrn, dem alle Gewalt übergeben iſt im
Himmel und auf Erden, wankten nicht an ihrem fort-
während irdiſchdürftigen Schickſale. Als arme Mutter opferte
ſie bei der Darbringung ihres erſtgebornen Söhnes ein Täu-
benpaar. Die Erzählung der aus fernen Landen gekommenen
Weiſen, welche zu Jeruſalem nach dem neugebornen Könige
ſich erkundigt hatten, und daß die Einwohner dieſer Stadt
von der, Marien als ſo hochwichtig angekündigten, Begebenheit
gar nichts wußten; der Umſtand, daß Simeon, und nicht
einer der angeſehenen Prieſter und Schriftgelehrten (Luk.
II, 25.), und Anna gewürdigt wurden, das Heil, das allen Völkern der Erde bereitet war, zu erkennen; alles dieß
minderte nicht die Zuverſicht der Mutter des Herrn! Vielmehr erhöheten alle dieſe Begebenheiten ihr Erſtaunen über

die gnadenvolle Bestimmung, zu der Gottes Hand sie, als
Mutter des Sohnes des Allerhöchsten, auserlesen hatte (Luk.
II, 33.). Ihre mütterliche Liebe zu ihrem Sohne, als Vor=
bild derselben, für alle christlichen Mütter, stellt sich uns in
der Begebenheit so rührend dar, daß sie nach einer ganzen
Tagreise nach Jerusalem zurückkehrte, und mit Joseph ihn
unter großer Angst überall und endlich im Tempel suchte.
Eben dieß zeuget auch für ihren religiösen Sinn: wie viele Müt=
ter würden ihre vermißten Kinder eher überall, als im Hause
Gottes suchen? (Luk. II, 49.) Daß sie es noch nicht gänz=
lich verstand, noch nicht genug bedacht hatte, daß sie ihren
Sohn nur im Hause seines Vaters suchen mußte; darum
der Wink, den der Sohn Gottes für seine gewiß fromme Mut=
ter annoch nöthig fand, um ihren Gottessinn noch mehr zu
erheben. So handelte er auch auf der Hochzeit zu Kana in
Galiläa, wo er mit den, nach unsrer Sprache etwas hart=
klingenden, Worten seine Mutter anredete: „Frau! was habe
ich mit dir zu schaffen?" (Joh. II, 4.) Worte, wodurch er
blos sagen wollte: Es ist gegen die Würde meiner Bestim=
mung auf Erden, meine Allmachtkräfte, aus blos menschlicher
Rücksicht, auf deine Bitte zu äussern: dieselbe sind nur dem
heiligsten Zwecke gewidmet. Daß Er mit dieser Anrede sei=
ner Ihm so theuern Mutter keinen Verweis geben wollte,
daß sie Ihn vollkommen verstand, beweisen ihre Worte an die
Aufwärter (V. 5 allda), und das von Ihm wirklich voll=
zogene Wunder der Verwandelung des Wassers in Wein.
Daß sein Zweck bei dieser Gelegenheit, wie bei andern (Matth.
XII, 48. Mark. III, 31. Luk. VIII, 19.), die unmittelbare,
stete Richtung und ausschließliche Erhebung derselben zu
Gott war, ist augenscheinlich. Seine Liebe und zärtliche
Verehrung gegen seine Mutter, gewiß größtentheils auf ihren
Gottessinn sich gründend, bewies Er unter den schmerzlich=
sten Leiden am Kreuze, wo Er sie, von ihrer Liebe mitten

unter seine Todesfeinde zu ihm geführt, dem Johannes empfahl (Joh. XIX, 27.): — könnte man einen umfassendern, einen sprechendern Beweis davon in der ganzen Menschengeschichte finden? Wir können nicht umhin, aus Herrn Ewalds christlichem Hand= und Hausbuche die schönen Gedanken über diese Stelle *) hier einzurücken. „Es gibt manches Wort, manche Geschichte, an der man seinen Sinn, die Worte und Tiefe seiner Liebe recht gut prüfen kann. Ist uns ihr Sinn verständlich, leuchtet es ein, was der Mensch wollte, warum er so handelte, was es ihm war, wie natürlich es aus seinem Herzen quoll: dann haben wir schon etwas Aehnlichkeit mit seinem Sinne. Es ist ein Samenkorn in uns zu gleicher That. Bei Aeusserungen fehlerhafter Menschen kann man nachdenken, vielleicht sey es unrecht: aber wenn Jesus selbst etwas sagt und thut, dann ist es wichtig, sich zu fragen, ob man Sinn dafür habe, ob es uns natürlich oder unnatürlich, wahr oder übertrieben scheine. Und so eine Geschichte findet sich hier. Von manchen Seiten kann ich an ihr prüfen, ob ich mich Jesus ähnlich fühle, ob ich etwas von der Liebe habe, die in Ihm war, bis in die letzte Stunde seines Lebens. Und so will ich mich denn prüfen, ob ich etwas davon sehe: was Jesus damit gab, und was es Ihm war, Das noch geben zu können."

„Maria und Maria Magdalena, und den Freund und die Mutter Jesu finde ich hier unter dem Kreuze! Als Jesus Leiden aufs Höchste gestiegen war, als Er da hing wie ein Verfluchter unter Bösewichtern und Spöttern; da hing unter allen Spuren der Mißhandlung im Gesichte, am ganzen Leibe, — dem Tode nahe — da standen seine Liebendsten und Geliebtesten, und sahen, was Er litt. O! man sage, was man wolle: wahre Liebe flieht den Anblick des leiden-

---

*) Auf den 3ten und 4ten April.

den Geliebten nicht : sie sucht Ihn auf. Ehe sie sich von Ihm trennen, Ihn nicht mehr sehen, kein Wort mehr von Ihm hören will; lieber will sie sich zerreissen lassen von dem entsetzlichen Schmerz. Die Unschuld, die Liebe, die Unter= gebung Jesus war lebendig in ihrem Herzen, und jetzt hieng Er so hülflos da! Wie mußte ihr Herz sich sehnen nach einem Worte! Sie waren wohl deßwegen gekommen! Jesus ver= stand das leiseste Sehnen des reinliebenden Herzens. „Weib, sagte Er : sieh, das ist dein Sohn!“ Unstreitig war dieß Johannes, der an der Brust Jesu lag, den Er lieb hatte im vorzüglichen Sinne, der sein Freund war. Zwar nennt sich Johannes aus Bescheidenheit nicht; aber am Ende sagt er doch : diesen meinte Jesus.“ (Joh. XXI, 24.)

1. „Mag es immer seyn, daß Johannes ein Haus hatte, und Marien hinein nahm, auch im Leiblichen für sie sorgte. Die Geschichte scheint das freilich anzuzeigen. Das ist aber gewiß nicht Alles, nicht Hauptsache. Setzt euch nun wieder in die Lage Mariens. Wie konnte irdisches Unterkommen ihr Hauptbedürfniß seyn? Wie sollte sie jetzt daran denken? Jesus selbst hätte ihr ja Das nicht befriedigen können, der nicht hatte, wo er sein Haupt hinlegte. — Ach! Jesus, der wußte, was in dem Menschen war, verstand weit besser, was sie wollte; daß sie nicht einen irdischen Versorger in Ihm beweinte. Einen weit bessern Trost wollte Er ihr geben, da Er sagte : Weib, das ist dein Sohn!“

2. „Maria verlor so viel in ihrem Sohne. Hätte sie auch Alles genug gehabt, — hätte sie Ihn verloren, sie hätte Al= les verloren. — Ihr Herz hatte sie so an Ihn gehängt; in ihr war so eine ehrfurchtsvolle Liebe! so ein Hinansehen, ein süßes Ruhen auf dem Gefühle seiner Größe! so ein unbe= stimmtes, aber desto größeres Erwarten von Ihm! — Und Den zu verlieren, ihr Einziges und Alles? — Und da sagte ihr Jesus : „Weib, das ist dein Sohn,“ kurz, wie jedes echte

Trostwort, aber voll Kraft und Liebe. Du trauerst um mich;
ich muß weggehen, und dich verlaſſen; aber ich laſſe dir
Einen, der mein Stellvertreter ſeyn ſoll. Er war mir viel!
er ſoll auch dir viel ſeyn. Halte dich an ihn, folgſam wird
er ſeyn, wie dein Sohn; und liebreich und zurechtweiſend,
wie Er. Ich vermache dir ihn, das Beßte, was ich zurück
laſſe. Er hat ein Herz wie ich; er iſt mein Freund. — O!
wenn ich mich an die Stelle Mariens ſetze, wie viel mußte
es ihr ſeyn, dieß Wort ihres ſterbenden Sohnes!"

„Und nun ein Vermächtniß an den Johannes, wie man
nur dem erprobten Freunde eines machen kann. Siehe, das
iſt deine Mutter! Troſt dem Freunde, Troſt der Mutter,
wie auch das erſte Wort nicht Troſt Einem allein iſt. Man
ſollte es eigentlich nicht trennen, was ſo innig verbunden
iſt. Wie wohl mußte es dem Johannes thun, dieß Zutrauen
ſeines ſterbenden Herrn! Wie wohl Marien dieſe Sorgfalt
für ſie; dieſe Empfehlung an das Herz eines Mannes, dem
ſie nun gewiß immer heilig und lieb ſeyn würde! Wie viel
größer mußte Johannes von ſich denken, da ihn Jeſus für
fähig hielt, Sohnesſtelle bei ſeiner Mutter zu vertreten! Wie
viel größer Maria von ihm und von ſich, von ihrer beider
Werth, in dem Herzen ihres Sohnes! Troſt war es dem
Johannes, wenn Maria bei ihm lebte. Von Jugend auf
war Jeſus bei ihr geweſen; ſie hatte die Keime alles Guten
in Ihm beobachtet und aufgepflegt. Wie wichtig war es ihm,
von ihr zu hören ſo manches Wort, ſo manche Aeuſſerung
aus dem Kindes- und Knabenalter Jeſus, die ihr gewiß un-
vergeßlich waren! Und das Alles ſich von ihr erzählen laſſen,
wie viel war das für ihn! O! ich ſehe ſie Beide, wie ſie
etwa an ſtillen Winterabenden zuſammenſitzen, und ſich von
dem Verſtorbenen unterhalten, an dem ihr Herz hing! Wie
ſie ſich erinnern an ſo manches ſeiner Worte, und an ſo
manche ſeiner Thaten! wenn Johannes Marien etwas er-

zählte, was sie noch nicht wußte, aus den drei letzten Jahren seines Lebens; und Maria dem Johannes so Manches aus seinem Jünglingsalter und seiner Kindheit. Wie sie ihm die zarte Knospe beschrieb, aus der sich eine so herrliche Gottesblume entwickelt hatte. Wenn sie dem tiefen Sinne manches Wortes nachspürten, und seine frühern oder spätern Erfüllungen ahndeten! Wenn sie in trüben Stunden sich aufrichteten durch Erinnerungen an sein Versprechen: „Ich will euch nicht Waisen lassen; ihr sollt mich wieder sehen; ich will euch zu mir nehmen, auf daß ihr da seyet, wo ich bin." Alles das lag in der wohlthätigen Vorsorge Jesu. Oft leben zwei verschlossene Seelen an einem Orte, öffnen sich nicht, und könnten sich soviel seyn. Welch' göttlicher Wohlthäter, der sie zusammenbringt, und in solcher oder ähnlichen Lagen, wo das Herz so offen ist, wie Jesus seine Mutter und seinen Freund zusammengebracht hat."

„Aber es war auch Trost für Maria, Einsetzung an Mutterstelle, Auftrag von Muttersorgfalt! Aufforderung, auch Dem Alles zu seyn, der ihr so viel seyn konnte. Das weiß ich ja wohl: Geben ist seliger, ist süßer, als Nehmen. Haben wir einen Freund, der uns Alles ist, aber zu weit über uns erhaben, als daß wir ihm etwas seyn könnten; es ist entfernendes Gefühl, wie Dem, der beständig Almosen empfängt; es thut uns wehe, wenn wir ihn bemühen, ob wir gleich seiner Liebe gewiß sind. Hat uns nicht Gott selbst darum so geredet, als ob wir ihm dienen, gleichsam sein Vergnügen erhöhen könnten, damit mehr Liebe, Zutrauen, Nähe da sey! Und so mußte es Marien seyn, da gleichsam Johannes damit getröstet wurde: Das ist deine Mutter! da er nicht blos ihr Sohn, sondern sie ihm auch Mutter seyn sollte; da sie nicht blos empfing, sondern auch gab, Trost mit Trost, Freude mit Freude erwiedern konnte. Jetzt war das Band geschlossen; sie waren vereinigt, die beiden

Seelen, um durch Liebe zu Jesu emporzuwachsen, zu seiner Gemeinschaft. Und so sehe ich denn, daß Jesus die Vorsorge für die Seinigen durch sein Beispiel geheiligt hat. O! daß ich doch auch hier in die Fußstapfen Jesu treten möge! Selbstlos und wohlthätig war der Tod Jesu, wie sein Leben; so soll mein Leben und mein Tod auch seyn."

„Das sehe ich wohl, es war Jesu lieb, daß Er dem Herzen Mariä und Johannes etwas geben konnte, auch für diese Welt. Selbst in der letzten Stunde seines Lebens, wo seine Seele schwieg; da Er voll war von den großen Aussichten; wo Ihm nichts Aeusseres eines Wortes werth schien; wo Er fast ganz nicht mehr in dieser, sondern in jener Welt lebte, fiel Ihm das noch ein, dachte Er noch dafür etwas aus, Herzens Bedürfniß zu befriedigen seiner Mutter und seinem Freunde. O! du darfst nicht fürchten, daß Er dich nicht verstehe, nicht wisse, was du bedarfst für dein Herz; du darfst dich nicht scheuen, Ihm zu klagen, Ihn zu bitten um etwas Irdisches; weil du etwa denkst, es sey Ihm nicht wichtig genug, was du zur Zufriedenheit für diese Erde bedarfst. Du siehest, da Er genug mit sich zu thun, an sich zu denken, zu leiden hatte; dachte Er doch daran, wohl zu machen, auch für diese Erde, seiner Mutter und seinem Freunde. Und nicht nur diese Bande waren Ihm heilig, die jedem guten Menschen heilig sind. Du bist seinem Herzen nicht entfernter, denn wer sein Wort hält, und sich an sein Wort hält, der ist Ihm Mutter, Bruder, Schwester, Freund."

Und warum drängt es Ihn so, auch in der letzten Stunde? Warum? weil Er diese Menschen liebte; und weil man glücklich sehen will Das, was man liebt! Warum? weil Liebe nicht ruht, so lange sie etwas zu Andrer Zufriedenheit beitragen kann; weil sie alles zehnfach für sich selbst thut, was sie für Geliebte thut. Und hier zeigt sich's, wie

auch) dieß Stärkung seyn konnte; dem Liebenden, der lebte
und webte in Anderer Glück. Unter allen Leiden ist dieß das
Entsetzlichste: für Die Nichts mehr thun können, für die man
Alles thun möchte ...."

„Der, welcher aus Liebe Alles that, was Er that,
Alles litt, was Er litt, aus Liebe starb, da Er starb, nur
Glück fand in Andrer Glück, nur Thränen hatte für Andrer
Noth; wahrlich, der mußte es wie Engelsstärkung fühlen,
daß Er noch in der letzten Stunde seinem Johannes ein
Wesen geben konnte, das Ihm Mutter, und seiner Mutter
ein Wesen, das ihr Sohn seyn konnte. Wer ein Herz hat, der
fühlt' es."

In der Vorstellung, die uns unsere heilige Kirche unter dem Bilde Mariens, als Jungfrau ohne Makel, und
als Mutter mit dem Kinde Jesus! auf dem Arme oder
Schoße, gab, liegt ein so zarter, so rührender Sinn, daß
nur das starre, herzlose Vorurtheil daran sich ärgern und
schnöde dagegen thun kann. Wie manches jungfräuliche Gemüth schöpfte aus dem Anblicke des erhabenen Bildes der
allerreinsten und demüthigsten der Jungfrauen jene festen Entschlüsse der Bewahrung seiner Unschuld, der herzlichen Gott-
ergebung! Wie manches tief betrübte Herz, vor dem Fuße
der Mutter der Barmherzigkeit hingeworfen, und in Thränen
zerflossen, erhielt an dem rührenden Mutterbilde, den süße-
sten Trost! Wie manches Mutterherz, für seines Kindes Heil
und Schicksal besorgt, lernte aus dem frommen Auge der
Mutter der Treue und der himmlischen Liebe, die Wichtigkeit der Erziehung des Geliebten! O! die heilige Kirche erkannte genau das Bedürfniß einer solchen Zuflucht der Be-
trübten, der Sünder und der Familienmütter. Wen Jesus
liebte, sollen seine Freunde und Liebhaber auch lieben. Wenn
es kein wichtigeres, kein rührenderes Bild als das einer
zärtlichen, besorgten Mutter gibt; wenn Familienlagen der

mütterlichen Besorgtheit, der innigsten Thätigkeit so alltäglich sind; sollte nicht die Religion auch für diese so unaussprechlich wichtige Angelegenheit einen rechtführenden, stärkenden, belehrenden und beruhigenden Gegenstand der unbescholtensten Vorstellung an die Hand geben? Das erhabenste Bild der Reinheit und Unschuld, der Demuth und Liebe, der Gottergebenheit und, gewissenhaftesten, kindlichtreuen Frömmigkeit, wenn dieses einem Auge anstößig erscheint, so mag der sein Gefühl nennen was er will, er hat kein Herz, keinen Sinn für die reine, wahre Religiosität. Er mag wohl viel über Religions-Systeme schwatzen können, aber Religion selber hat er, außer seinem Schulwissen davon; — nicht.

Der Vorwurf vom Mißbrauche, dessen man die Verehrung Mariens beschuldigt, rührt, wie alle ähnlichen Vorwürfe, nicht so wohl von dem wirklichen Nachtheile des nachgesagten Mißbrauches, als von der Leidenschaftlichkeit und dem schnöden Widerspruchsgeiste her. Dieser liebt den eifernden Tadel, der gegen Andre geht, weil er darin ein bequemes Verdienst seiner eignen Religionsliebe ersieht. So ergeht es auch dieser Verehrung der seligsten Jungfrau Maria.

Wir glauben, diesen Gegenstand nicht besser beschließen zu können, als mit dem schönen Bilde, das Johann Georg Müller*), in seinen Unterhaltungen mit Serena von Marien uns liefert. Seine Worte sind:

„Euer Schmuck soll nicht auswendig seyn mit Haarflech-
„ten und Goldanhängen und prachtigen Kleidern; sondern
„der verborgene Mensch des Herzens sey mit dem unvergäng-
„lichen Kleide eines sanften und stillen Gemüthes geschmückt,
„welches vor Gott köstlich ist." Petrus.

---

*) I. Band S. 347 und folg. — Er ist der Bruder des verstorbenen Johannes von Müller.

„Unter allen Weibern, die je die Erde gebar, ist wohl keine diesem erhabenen Ideale näher gekommen, als Maria, die Mutter unsers Herrn; Sie, das Bild der Anmuth und Unschuld, die sanfte, stille Seele, die in ihrem Nazareth, fern von der brennenden Mittagssonne eines Hofes, fern von allem Glanz und Wolleben der Welt, zur Mutter des Erlösers erwählt, den reichsten, vornehmsten, aufgeklärtesten und feingeistigsten Weibern der Hauptstadt vorgezogen wurde, und deren Name mit dem ihres Sohnes dauern wird, so lang die Erde steht. Ihre Geschichte ist so lehrreich, so der göttlichen Handlungsweise gemäß, bei welcher, was der große Haufe für das Geringste hält, weil es nicht glänzt, immer das Größte ist; und zeigt uns in den dabei vorkommenden Personen so viel feine moralische Züge, daß ich ihr gern dieß Blättchen zu deinem und andrer Marien Vergnügen und Belehrung widme. Wenn ich meinem Grundsatze treu bleibe: die Wahrheit soll nicht dem Menschen, sondern der Mensch der Wahrheit unterthan seyn; — so wird dieses und Alles, was ich schreibe, gemäß der Wahrheit, und eben so sehr der Bescheidenheit und Einfalt geschrieben seyn.“

„In Nazareth, dem kleinen, vergeßnen Landstädtchen in Galiläa, konnte sich ihre unschuldige Seele von allen Verführungen der großen Welt rein erhalten. Sie, eine Enkelin des größten Königs, den Juda hatte, verlobt sich einem Zimmermann. Es ist eine arme Familie, in welcher nicht ein Hauch der sogenannten feinen Lebensart oder des guten Tones zu merken ist; und die Weltgeschichte wäre zu stolz gewesen, ihre Namen in ihre verewigenden Jahrbücher aufzunehmen. In Gottes Augen ist die Rechnung umgekehrt. Was groß ist vor der Welt, ist klein vor Ihm, und groß vor Ihm, was klein ist vor der Welt. Er sieht auf Könige und auf Arme mit gleicher Güte. Man darf es sich also

nicht zu Herzen gehen laſſen, wenn man nicht eben eine merk=
würdige Perſon in der Welt iſt. Haben wir etwas von Ma=
riens Demuth, und Joſephs Biederſinn; ſo ſind wir gewiß
vor Ihm nicht vergeſſen. „Gewiß, ſagt eines der größten
religiöſen Genie's, Zinzendorf, (!) gewiß, es iſt der Gott
alles Fleiſches, denſelben Augenblick, mit eben dem Nach=
drucke ſowohl der eigentliche Gott eines Bettlers, oder irgend
einer verachteten Magd, wenn ſie ſeiner bedarf, wenn ſie
nach Ihm fragt: als er der Gott eines prächtigen Salomo
iſt, der in aller Herrlichkeit daſteht, Ihm den Tempel zu
weihen.“

„Dieſe arme Jungfrau, wie mußte ſie erſtaunen, als
eine himmliſche Geſtalt ihr ſchlechtes Kämmerlein erleuchtete,
und zu ihr ſprach: Gegrüßet ſeyeſt du, du Hochbegnadete!
der Herr iſt mit dir, du Gebenedeiete unter den Weibern!
— Verwunderung, Staunen, Beſturzung über Erſcheinung
und Gruß, hemmen ihren Mund. Fürchte dich nicht, Ma=
ria! — fährt die Wundergeſtalt fort, — du haſt Gnade
bei Gott gefunden. — (Läßt ſich einem Menſchen was Grö=
ßeres ſagen?) — Siehe, du wirſt einen Sohn gebären, deß
Namen ſollſt du Jeſus heißen. — Den, auf welchen alle
Guten Israels harren, den Erretter ſeines Volks und der
Welt. Die Unſchuld fragt: Wie ſoll das zugehen, ſinte=
mal ich von keinem Manne weiß? — Der Engel ſagt's,
und iſt ſo menſchlich, ſo zart, mitfühlend ihre geheimen Be=
ſorgniſſe, und die Schwäche des menſchlichen Geiſtes, der
einen ſolchen Gedanken, ſo überraſchend geſagt, unmöglich
ertragen konnte; daß er noch einen andern Umſtand zur Be=
ſtärkung ihres Glaubens beifügt, ein ſichtbares Zeichen, das
Zeugniß und die vertrauliche Stimme einer Baſe; er winkt
ihr blos, zu dieſer zu gehen, die als ein anderer Engel ſie
über alle Zweifel und Sorgen emporheben ſollte. Und wie
hört ſie dieß Alles? ſeufzet ſie, preiſet ſie ſich glücklich,

triumphirt fie? Nein! mit einer unaussprechlichen Zartheit
der Unschuld antwortet fie: Siehe, ich bin des Herrn Magd,
mir geschehe, wie du gesagt hast. O welch ein Himmel in
diesem Herzen! O der sanften, stillen Seele, die dieß sprach!
die nicht zu Nachbarn und Freunden lief, es zu erzählen,
was fie ihr doch nicht geglaubt hätten; die fich nicht in
ihrem eignen Herzen groß machte, sondern unter abwech=
felnden frohen und bangen Gedanken, die weite Reise in das
Gebirge Juda machte, in den mütterlichen Schoos der Elifa=
beth fie alle auszuschütten! Der Engel kommt nur, und ver=
kündet; ein menschliches Wesen, Elisabeth, foll die Bot=
schaft vollenden und bestärken. Er schied von ihr, und fie
fieht ihn in ihrem Leben nicht mehr."

„Hurtig geht fie über die Berge, und findet bei Elifa=
beth mehr als fie gefucht hatte. Die mütterliche Freundin
wird endlich auch noch in ihrem Alter Mutter. Maria fieht's,
freuet fich mit ihr, und theilet, erleichtert von allen Sorgen,
nicht ihre Sorgen, sondern ihre Freuden mit ihr. Alles zit=
tert vor Freuden an der Elisabeth, wie fie die junge Maria
fieht, das Kind hüpft froh in ihrem Leibe. Gebenedeiet bist
du unter allen Weibern! Woher kommt mir die Ehre, daß
die Mutter meines Herrn zu mir kommt? O! felig bist du,
die du geglaubt hast!" u. f. w. Wie lieblich, wie hausmüt=
terlich! wie viel läßt fich von diesen abgebrochenen Worten
auf den göttlichen Sinn dieser von Gott allein gekannten
Familie schließen! Maria hat genug; ihr Glaube hat gefiegt;
fie fragt nichts weiters; fie kritifirt das Wunder nicht; ihr
Wahrheitsfinn, ihr Sinn für Gott wird rege, und fpricht
dafür. Sie ist blos Empfindung, und bricht in einen Lob=
gefang aus, der bei all feinem hohen Schwunge dennoch nur
Demuth athmet: „Ich bin des Herrn Magd! Er hat meine
Niedrigkeit angesehen. Die Hungrigen füllt Er mit Gütern,
und läffet die Reichen leer. Er denkt der Barmherzigkeit!

Meine Seele erhebet den Herrn, und mein Geist freuet sich Gottes, meines Heilandes!" — Welch' eine Empfindung! Welch' ein Sinn für's Göttliche, der den Lobgesang durchströmt! Manches Dunkle mochte seit der Engelserscheinung noch in ihr gelegen und gegährt haben; Manches mochte sie sich vorgenommen haben, ihre Base zu fragen; sobald sie sie sieht, ist ihr alles offen, was Gott mit ihr und ihrem Sohne vorhabe, obgleich es nur noch zukünftig ist. Merken, was Gott durch diesen und jenen Umstand unsers Lebens uns sagen will, das ist göttlicher Sinn, wozu Bekanntschaft und Freundschaft des Herzens mit Ihm gehört; so wie wir von den Thaten, ja blos von den Zeichen und Winken unsrer Vertrautesten, leichter auf ihre Absichten und Gedanken schließen können, als bei solchen, die uns fremde sind. Sie freuet sich, weß sich alle bessern Seelen freuen: daß Kindeskinder sie selig preisen werden. Sie bleibt sich immer gleich; auch, da nach ihrer Niederkunft Hirten vom Felde, und Weise aus Morgenland kamen, ihr neugebornes Kind zu verehren, kommt nicht ein Hauch von Eigenlob in sie. Sie behielt und regte alle diese Worte in ihrem Herzen, ohne sich ihrer Ehre zu überheben. Und wie viel hatte sie in ihrem Herzen zu bewegen! Das Kindlein wuchs — also, mußte sie denken, muß ich noch vielleicht bei zwanzig, dreißig Jahre warten, bis er hervorbricht in seiner Kraft? So lange muß ich Geduld haben, so lange harren! Und was wird es dann werden? Simeon sagt es ihr: „Es wird ein Schwert durch deine Seele dringen!" Schreckliches Wort! so glänzende Erwartungen so schmerzlich zerknickt! Das Süßeste mit dem Allerbittersten vermengt! Doch so geht es in dieser Welt, die schönsten Rosen wachsen unter Dornen! Die frühe Verkündigung waffnete ihr Herz gegen das Unglück. Mehr als einmal drang das Schwert durch ihr Herz, da sie Ihn in seinem zwölften Jahre verloren glaubte, und mit Schmerzen suchte; da Er

23*

einst im Feuer seiner Rede sprach: „Wer sind meine Mutter
und Brüder?" So oft, da sie Ihn in Todesgefahr sah, und
zuletzt bei seinem Kreuze. Nie aber scheint sie ein Wort zu
Ihm gesagt zu haben, Ihn von seinem Berufe abzulenken.
„Das widerfahre dir nicht." — Demüthiges Erharren des
Ausganges ist ihr Charakter. Aber welches Harren, als
das ihrige, wäre nicht müde geworden, da er nun schon
dreißig Jahre alt, und noch immer der Zimmermannssohn aus
Nazareth war!"

„Jesus wuchs; nahm zu an Alter, Weisheit und Lie-
benswürdigkeit bei Gott und Menschen. Maria mag Ihm
Manches von ihren Schicksalen gesagt, viel mit Ihm aus
der Schrift geredet haben, das wir nun nicht mehr wissen.
Die innere Bildung, selbst jedes gewöhnlichen Menschen,
geschieht in so göttlicher Stille, daß es uns nicht befremden
muß, daß wir so wenig von den Jugendjahren Jesu wissen.
Endlich trat Er, — oder Gott zog Ihn vielmehr aus seiner Verborgenheit hervor, aber wie ganz anders, als man
Ihn erwartet hatte: verachtet, verschmähet und verworfen;
ein Mann des Kümmers und befreundet mit Gram."

„Auch dieses trug sie ohne Murren, folgte Ihm zärt-
lich nach, wo Er hingieng, hieng an seinen Blicken und
Worten; denn sie lebte nicht in sich: die Mutter lebte in
ihrem Sohne; des Herrn Magd in ihrem Gott und seinem
Willen. Die Mutter zweier seiner Jünger bat um den Vor-
sitz ihrer Söhne im Reiche der Himmel; Maria bat nichts,
und bekam auch nichts, als was sie innerlich hatte. Ach!
wir wissen nicht, was Alles, auch über sie, von Jesus Fein-
den gelästert wurde, das ihr zartes, weibliches Herz brechen
mußte. Gott zieht über die tiefsten Leiden der
Seinigen einen Schleier, daß die Welt das Heiligthum nicht sehe. — Endlich, da sie Ihn, unter den
schrecklichsten Martern am Kreuze erblassen sah, da ward die

Weissagung Simeons, die sich langsam und martervoll im=
mer mehr erfüllte, in ihrem vollsten Sinne wahr. Einen
Sohn von so großer Hoffnung da zu sehen! Wer hat ein
Mutterherz, das ihren Schmerz nicht fühlen sollte! Durch
das edelste Vermächtniß gibt Jesus, der auch gegen sie im=
mer Sohn blieb, ihr seinen ersten Freund zum Sohne, sie
ihm zur Mutter, den Er liebte bis in den Tod. Aber doch
schien der, den ihr Herz getragen hatte, für sie verloren!
Nach wenig trüben Tagen sieht sie Ihn wieder auferweckt,
obgleich sie auch da nicht die Erste war, der Er sich zeigte,
sieht Ihn gen Himmel fahren, und ihr Herz flog Ihm
nach." — —

„Hier verläßt uns die Geschichte. Treulich wird sie
des Johannes, so, wie er ihr, um ihres dritten Freundes
willen, gepflegt haben, und eines sanften, fröhlichen Todes
gestorben seyn. Der Wandel und die Auflösung einer sol=
chen Seele ist zu heilig, als daß sie die Vorsehung zur
Schau und Befriedigung der Neugierde der Nachwelt aus=
stellen wollte."

> „Einst wirst du uns, o Mutter Jesu! sagen —
> Der Orion, der Sirius und Wagen
> Sind Funken nur, aus dessen Hand entschlagen —
> Den ich, ich Seligste, in meinem Leib getragen."

„Ich füge noch den zartgefühlten Hymnus Lavaters
auf Maria bei; der, so viel ich weiß, zur Zeit noch, nur
Wenigen bekannt ist."

Maria.
Ein Hymnus.

1. „Königin der Jungfrau'n! Große
Mutter, die in ihrem Schoose
Einst den Herrn des Himmels trug,
Welches Lied erhebt dich g'nug!"

2. „Ach! durch welche Dunkelheiten,
Welche herbe Bitterkeiten,
Führte dich des Höchsten Hand
Hin, wo nie ein Engel stand!"

3. „O du Heilige! du Reine!
Fromme, wie der Frommen keine,
Schönste Blum' auf Gottes Flur!
Auserwählteste Natur!"

4. „Nicht im Himmel, nicht auf Erden
Willst du zwar vergöttert werden;
Ewig, wie du selbst gesagt,
Bleibst du Gottes erste Magd."

5. „Aller Seraphinen Chöre
Nennen dich der Menschheit Ehre!
Wer ist's, der den Sohn erkennt,
Und dich nicht mit Ehrfurcht nennt?"

6. „Dein ist alles Edle, Schöne,
Der Maria Magdalene!
Dein der Martha Glaub', und dein
Der Maria Stilleseyn."

7. „Frohste Königin der Frohen!
Erste Ehrerin des Hohen!
Zeugin einst von seiner Pein!
Seiner Liebe Wiederschein!"

8. „Einst Durchbohrte, Tiefbetrübte,
O du liebendste Geliebte!
Wer ist in der Wonne Reich,
Hochbelohnteste, dir gleich."

9. „Mütterlichstes aller Herzen!
Zahllos waren deine Schmerzen;
Nun sind deiner Freuden mehr,
Als der Sterne zahllos Heer!"

10. „Alle menschlichen Geschlechter,
Heiligste der Erdentöchter!
Urbild der Bescheidenheit!
Preisen deine Seligkeit."

11. „Alle die mit Glauben lesen,
Was du sterblich einst gewesen,
Freu'n sich, dich einst überschön
An des Schönern Hand zu seh'n."

12. „Jeder der die Wahrheit ehret,
Tugend lernt, und Tugend lehret,
Seufzt, und seufzt vergeblich nie:
Wär ich fromm und rein, wie sie!"

Die Finsterlinge unsrer Zeit. Von Aloysius Frey. Quedlinburg und Leipzig, bei Gottfried Basse. 1822. S. 159 in kl. 8.°

Qui fagoteroit suffissament un amas des aneries de l'humaine sapience, il diroit merveilles, sagte Montaigne in seiner naiven Sprache. — Auch vorliegendes Pamphlet dürfte ebenfalls sein Quantum liefern. Mit Unwillen muß der rechtliche Mann sehen, daß es dem Verf. nur darum zu thun war, die Katholiken samt ihrer Glaubenslehre und ihren Gebräuchen niederzuschimpfen, und was er nach seiner sapience nicht wohl vermochte, vorerst zu verdrehen und im Gegensatze darzustellen, so daß man nicht weiß, ob man seine Unwissenheit oder seine Unart mehr bewundern solle. Oder weiß und muß etwa nicht jeder gebildete Protestant wissen, daß die Katholiken nicht glauben, sie seyen der Mutter Gottes gleiche Ehre als ihrem Sohne schuldig, daß sie die Bilder nicht anbeten, die Sakramente nicht ansehen als zum Theil von den Aposteln angeordnete Institute, die ungetauften Kinder nicht in die Hölle verstoßen,

in der Firmung keine Magie finden, die Buße nicht als einen
gerichtlichen Prozeß beachten, einen hundertjährigen Ab=
laß nicht ansehen als einen Freibrief, hundert Jahre lang vor
den Augen der Kirche straflos zu sündigen? S. 119, ꝛc. Wir
übergehen die artigen Ausdrücke des Hrn. Aloysius Frei, als
da sind: Pfaffengelock, dumme und schmutzige Kapuziner;
S. XVI. päbstliches Hurenregiment; ebend. der verhüllte
Pferdefuß; S. XVIII., Proselytenjäger; S. 8, mordsüchtige
Intoleranz der lieben Mutterkirche; S. 19, in Dei Papæ
gloriam; S. 23, Hohenloherei; S. 37, Vicegott und Vice=
christus; S. 41, Stockpapisten, S. 43; Marialatrie der Ka=
tholiken; S. 113, Maria als große Kinderpuppe im Reif= und
Bügelrocke; S. 113, Geheimnißkrämerei; S. 137 ꝛc. Wir über=
gehen, sage ich, alle diese evangelischen Sachen, um
unsere protestantischen Bruder selbst zu verschonen, die sich
durch solche Wortführer vor den Augen der ganzen deutschen
Nation prostituirt sehen müssen, da Hr. Frei alle seine vor=
gelaufenen Scheltbrüder an Grobheit und krassen Lügen über=
trifft, und führen nur zwei einzige Proben seiner protestanti=
schen Poeterei an. S. 134 stehen folgende distychischen
Schwunggedanken:

„Frägst (!) du, wie kommt's, daß jetzt von den Regionen des Lichtes
    Mancher erleuchtete Kopf kehrt zu dem Pole zurück?
Wo die Sonne nicht scheint, und alles in Nebel gehüllt ist;
    Höchstens ein Nordlicht nur blasse Gespenster erschafft?
Wie von der Bibel zurück und vom vernünftigen Glauben
    Wieder ein Protestant sich zu dem Pabste verirrt?.
Wieder vor Bildern kniet, wie der Neger vor dem Fetische,
    Heilige wieder erblickt, wo er Fanatiker sah?
Freund! die Antwort ist leicht; die Sünde lastet, und Ablaß
    Spendet, an Gottes Statt, leicht ein geschorner Mönch.
Und dann gehst du quittirt vom Beichtstuhl, sündigest wieder,
    Beichtest wieder und wirst wieder auf's Neue quittirt.

Und was dir nicht beliebt an Büßungswerken zu leisten,
    Dazu findet sich dann wohl noch ein Mütterchen auf."
S. 157 als Schluß :.
„Was ist, fragst du mich, Freund, der neuere Katholizismus?
    Antwort: würzige Brüh' über ein moderndes Fleisch.
Wirf das modernde Fleisch dahin, wohin es gehöret;
    Kauf dir frisches, es würzt ohne die Brühe sich selbst."

Quis talia fando temperet a lacrymis?
Druck und Papier entsprechen dem Inhalt.

R. R.

Noch etwas über Schuhkraffts Armenfreund.

Schon in den vorhergehenden Heften des Katholiken
(1ster Bd. 1ster Jahrg. III. Heft März S. 256 u. f. w.
— 2ten Bd. 1ster Jahrg. VI. Heft Juli — S. 89.) hat Hr.
L. W. die Katholiken aufmerksam gemacht auf manche ge=
fährliche und verdächtige Stellen des Schuhkrafft'schen soge=
nannten Armenfreunds, weil er zwar immer Honig im Munde
in Hinsicht der Katholiken führt, aber dennoch sein Gift im
Herzen gegen diese seine verehrungswürdigen Freunde,
nicht ganz zu bergen vermag, daß man alle echte Katholiken
nicht genug davor warnen kann. Man lese nur obige Hefte,
und man wird sie von der schlimmen Tendenz dieses Armen=
freundes überzeugen; auch hätte man glauben sollen, der Re=
dakteur dieses so feilen Blattes würde durch die wohlgemein=
ten Warnungen und Bemerkungen für die Zukunft etwas
behutsamer in Hinsicht der Katholiken gemacht worden seyn;
allein die traurige Folge zeigt das Gegentheil, da wir aber=
mal in einigen seiner neuesten, uns gegen unsern Willen zu=
geschickten und aufgedrungenen, Blättern die Biographie eines
der größten Religionsschwärmer, des berüchtigten Brentius
lesen, der weder katholisch, noch lutherisch, noch kalvinisch

lehrte, sondern bekanntlich die bibel- und vernunftwidrige Lehre der Ubiquisterei der Menschheit Christi mit dessen Gottheit vertheidigte. Der liebe Armenfreund muß wahrscheinlich gar nicht bedacht haben, daß er den damaligen Herzog Christoph von Würtemberg eben so tief bei der Nachwelt heruntersetzt, als er seinen Helden Brentius hinaufsetzen will: denn es kann doch keinem ehemaligen Reichsfürsten zur Ehre gereichen, wenn er gegen Kaiser und Reich, gegen die Kirche, ja gegen die Grundsätze Luthers und Kalvins selbst einen solchen Religions-Sonderling in Schutz genommen. Und doch scheint es beinahe, daß unser Armenfreund, N.° 6 v. 12. Januar 1822, und N.° 7 v. 15. Januar 1822, diesen Tollhäusler fast apotheosiren, wenigstens zu einem und der ersten protestantischen Heiligen stempeln möchte, da er das elende, längst schon ausgezischte und vergessene Altweibermährchen wieder auftischen will, daß Gott, seinem Brentius zu Gefallen, da dieser sich in dem Landhause zu Stuttgart versteckt hielt, gleichsam das Wunder, das er zu Gunsten des großen Propheten Elias einst mit den Raben (III. Buch d. Kön. XVII, 4. 6.) gewirkt, durch eine gelbe Henne und ein Ei erneuert habe. Brentius muß doch der Vorsehung nicht so wie Elias getrauet haben : denn der Armenfreund läßt ihm zur Fürsorge ein Stück Brod mit in seinen Schlupfwinkel für den Nothfall mitnehmen. Wer soll hier nicht mit dem lieben alten P. Kochem einen recht tiefen Seufzer lassen !!! Ohne uns in eine förmliche Biographie dieses Brentius einzulassen, wollen wir nur einige seiner thörichten, unkatholischen, unlutherischen, unkalvinischen Grundsätze in Religionssachen von ihm dahier aufstellen, woraus eine jede in Deutschland geduldete Religionspartei leicht ersehen wird, daß Brentius keiner eigentlich angehörte, folglich auch nicht verdienet, in einem Blatte, das man zum Lesen anbietet, gefeiert zu werden. Man lese z. B. nur seinen Katechismus am 167 Blatte,

wo er den V. Art. aus dem apoſtoliſchen Glaubensbekennt=
niß alſo erklärt : „Abgefahren oder abgeſtiegen zu der Hölle,
heißt, daß, nachdem Chriſtus verſchieden, vom Kreuze ab=
genommen, und begraben worden iſt, man gemeinet, er wäre
nun gar dahin, und es wäre nun ganz aus mit ihm :
denn da war kein Leben mehr, auch keine Hoffnung, daß
er wieder ſollte lebendig werden; ſondern er wurde ins Grab
gelegt, und Jedermann gieng davon, als wenn er nun ewig
müßte todt ſeyn. Das heißt zur Hölle fahren, nämlich daß
man ihn achtet, als wenn er nun ganz und gar zu Grunde
gegangen wäre.“ Dieſe Brentianiſche Auslegung iſt eine hand=
greifliche Verfälſchung des fünften Glaubensartikels, ganz dem
Sinne anderer chriſtlichen Glaubensbekenntniſſe zuwider.

Da Brentius die Verwandelung des Brods und Weins
in den Leib und Blut unſers Herrn Jeſu Chriſti (die Trans=
ſubſtantiation) nicht annehmen, und doch die wahre und
weſentliche Gegenwart Chriſti im Abendmahl behaupten wollte,
ſo erdichtete er eine neue Art der weſentlichen Gegenwart
Chriſti in demſelben, und ſagte : „Der Leib Chriſti ſey von
der Zeit an, als dieſer in Himmel aufgefahren, überall;“
daher ſeine Anhänger die Ubiquetiſten oder Ubique=
tarier, genannt wurden.

Wie abgeſchmackt aber dieſe Lehre des Brentius iſt, er=
härtet ſich aus der heil. Schrift, und aus der geſunden Ver=
nunft : denn Chriſtus ſagt bei Joh. XIV, 28. : „Der Va=
ter iſt großer als ich,“ nämlich, meiner Menſchheit nach,
wie dieß alle chriſtliche Parteien auslegen, Schmiedel, Bren=
tius und Johann Weſtphal nebſt Conſorten ausgenommen,
die ſogar Melanchthon ſchon gehörig widerlegt, da aus ihrer
Lehre die Vermiſchung beider Naturen in Chriſto, wie ehevor
die Eutychianer irrig behaupteten, eingeführt wurde : aber
nach Brentius widerſinniger Lehre wäre der Vater nicht größer
als der Sohn, nämlich der Menſchheit nach, da die göttliche

Natur in Christo deſſen menſchlicher Natur ja alle Eigen⸗
ſchaften der göttlichen mitgetheilt hätte — folglich müßten,
nach Brentius Lehre, zwei göttliche Weſen ſeyn, und nicht
ein einiger Gott : denn was göttliche Eigenſchaften hat, das
iſt Gott. Nun hat nach Brentius die menſchliche Natur in
Chriſto göttliche Eigenſchaften; alſo müßte ſie auch Gott
ſeyn.

Wie mag alſo der Armenfreund den Brentius ſeinen
Leſern noch als einen frommen, und gelehrten, thätigen und
höchſt nützlichen Mann für die Sache der Kirchenreformation
anrühmen?!

Gedanken.

Der Hauptinhalt des ganzen Geſetzes : Gott über alles,
den Nächſten aber wie ſich ſelbſt zu lieben, wird nun
ſcharf unterſucht ; und nach der neueſt beliebten Lesart das
Ganze auf die ungemeſſenſte Selbſtliebe reducirt. Gott be⸗
darf unſrer Liebe nicht, die Welt Seiner nicht, und der Näch⸗
ſte, der doch der Liebe für das eigene Selbſt, nachſtehen muß,
wird ſich gefallen laſſen, mit ſeiner ſekundären Anforderung
an unſere Liebe, zu warten, bis wir dieſer Pflicht an uns
ſelbſt gehörig Genüge gethan zu haben, ihm kund thun werden.

Der Welt mißfällt dein Unrechtthun dann, wenn du nicht
den gewandten klugen Schein des Rechts angenommener Maßen
beobachteſt. Am Rechtthun liegt ihr nichts, und ſie verachtet
es, wenn es nicht mit beſcheidener Rückſicht für ſie ausge⸗
übt wird. Sie haſſet es gar, wenn es mit Hintanſetzung
aller Rückſicht für ſie ausgeübt wird.

Verbeſſerungen.

S. 290, Z. 13 v. u., ſt. bidelnd, l. bieckelnd.
S. 327, Z. 4 v. o., ſt. moraliſche, l. moraliſchen.

Beilage
zum Katholiken.

Ueber die verschiedenen Unfälle der Jesuiten in Spanien seit fünfzig Jahren. (Ami de la Religion et du Roi, N. 800.).

Wir leben in dem Jahrhunderte der Duldsamkeit; eine ausgemachte Sache, die sich durch glänzende Beispiele nachweisen läßt. Seit den 60 Jahren in welchen die Philosophie einiges Ansehen genießt, haben wir mehr als einmal gesehen, wie sie sich desselben zu bedienen weiß. Sie erhebt sich gegen die Verbannungen, und sie vervielfältigen sich unter ihrem Namen, und durch ihren Einfluß. Spanien, welches in unsern Tagen durch Proscriptionen seine ersten Tritte auf der Laufbahn der Freiheit bezeichnet, und welches einstweilen, in Erwartung besserer Dinge, seine Bischöfe aus dem Lande schafft; Spanien hatte schon vor 55 Jahren der bestürzten Welt ein trauriges Beispiel dieser Art gegeben. Aus dem Schoose eines ganz katholischen Landes gieng auf einmal ein Verbannungs-Edikt gegen eine ganze religiöse Körperschaft hervor. Der Orden ward nicht allein aufgehoben, sondern dessen Mitglieder wurden sogar mit äußerster Strenge verfolgt. Auch aus Frankreich waren die Jesuiten vertrieben worden, aber nur durch Verordnungen des Parlaments, und Ludwig XV erlaubte ihnen bald nachher, als Privatpersonen im Reiche zu leben. Unsre Parlamente selbst, so eingenommen sie auch gegen dieselben waren, hatten nicht plötzlich Hand an sie gelegt, und sie nicht bis an die Gränzen des Reiches führen lassen.

Dieses Uebermaß von Strenge war für Portugal und Spanien aufbewahrt. Schon im Jahre 1759 hatte ein gewaltthätiger Mini-

ter, in einem Anfall seiner Laune, alle Jesuiten aus Portugal in
die Länder des Pabstes übersetzen lassen. Der spanische Minister
folgte seinem Beispiele. Wir wollen hier den geheimen Ursachen
einer so strengen Maßregel nicht nachspüren. War sie, wie in
Frankreich, das Resultat einer Verbindung, zwischen einer alten und
neuen Sekte? War der Graf von Aranda bei dieser Gelegenheit ein
Agent der Philosophie, und unterstützt durch die Agenten einer an-
dern Partei, welche damals anfieng sich in Spanien zu verbreiten?
Dieß scheint sehr annehmbar, und stützt sich auf ziemlich starke
Gründe. Doch, wie diesem immer sey, die Landesverweisung der
Jesuiten war mit den Zeichen einer heftigen Nachgierde verbunden.
Wir haben nirgendwo vollständige Dokumente über diesen Punkt der
Geschichte gefunden, zuerst übertrug ein geheimes Rescript vom 27sten
Februar 1767, dem Präsidenten des Raths von Castilien, Grafen
von Aranda, die Anordnungen in Hinsicht der Landesverweisung
der Jesuiten, und alle Beamten und Truppen sollten ihm in dieser Sache zur Hülfe bereit stehen. Man schickte an alle Beamte der Gegenden, wo es Jesuiten gab, ein Circular, das mit einem Paquete
begleitet war. Das Umlaufschreiben, vom 20ten März 1767, untersagte das Paquet vor dem 2ten April zu eröffnen, und geboth
dießfalls das strengste Stillschweigen. Dieses Paquet enthielt das
Rescript vom 27ten Februar und Befehle des Grafen von Aranda
wegen Ausführung der Maßregeln. Zufolge dieser Befehle sollten
die Jesuiten in der Nacht vom 2ten auf den 3ten April überfallen,
alle Gemeinschaft mit andern Personen unter den strengsten Strafen ihnen untersagt, ihre Besitzungen eingezogen, und sie selbst
zum nächstgelegenen Seehafen abgeführt werden. Man hatte zur
Ausführung dieser Befehle alle mögliche Vorsicht getroffen: die Truppen mußten unter den Waffen stehen, wie in einer dringenden Gefahr des Staates. Diese außerordentlichen Zurüstungen hatten wohl
keinen andern Zweck, als auf eine Verschwörung, oder die Möglichkeit eines Widerstandes hinzudeuten; allein, die Leichtigkeit der
Ausführung mußte nothwendig diese so klüglich ausgedachten Maßregeln in ein lächerliches Licht stellen.

Am 2ten April erschien eine pragmatische Sanktion von Karl
dem III, welche die Vertreibung der Jesuiten aus Spanien und
die Einziehung ihrer Güter verordnete. Der König erklärte, daß

die Beweggründe zu diesen Verfügungen in seinem königlichen Herzen verschlossen blieben: ein Ausdruck, über den selbst d'Alambert, in seinem Briefe an Voltaire vom 4. Mai 1767, sich ein wenig lustig macht. Noch mehrere andere Umstände dieses Ediktes waren sehr befremdend: der König verboth für oder gegen das Edikt zu reden oder zu schreiben. Er legte seinen Unterthanen über diesen Punkt Stillschweigen auf, und wollte (Art. 16.) die Uebertreter als Majestätsverbrecher bestraft wissen. Der Fürst erklärte, daß er bei der Maßregel, die er ergriffe, blos dem Drange seiner königlichen Milde folge (Art. 2.). Er verboth, die Jesuiten jemals wieder in seinen Staaten aufzunehmen, und Jeder, der einen solchen Anschlag machen würde, solle als Stöhrer der öffentlichen Ruhe bestraft werden. Den Priestern des Ordens ward eine Pension von 100, den Brüdern von 90 Piaster bestimmt; sie sollten aber diese Pension verlieren, wenn sie die Staaten des Pabstes verließen, oder durch ihre Reden oder Schriften Gelegenheit zum Mißvergnügen gäben; ja es hieß darin sogar, daß die Jesuiten alle zugleich ihre Pension verlieren sollten, dafern eines ihrer Mitglieder, unter dem Vorwande einer Apologie oder Vertheidigung, Schriften bekannt machte, die dem Respekte für den königlichen Willen zuwider liefen. Alle Diejenigen, welche mit den Jesuiten Briefwechsel unterhielten, was allgemein, und auf das strengste verboten war, sollten nach der Schwere des Vergehens geahndet werden. Ein auch säkularisirter Jesuite durfte ohne besondere Erlaubniß in das Königreich nicht zurück kehren, und Keiner sollte sie erhalten, ohne das Versprechen, mit den Gliedern der Gesellschaft durchaus keine Gemeinschaft unterhalten zu wollen, und selbst in diesem Falle durfte er keine geistliche Verrichtung unternehmen. Die Novizen, welche den Professen folgen wollten, sollten keine Pension bekommen.

Dieß war das Edikt der königlichen Milde; die Ausführung geschah auf das Pünktlichste. Für Madrid und seine Umgebung ward sie sehr beschleunigt. In der Nacht vom 31ten März zum 1ten April 1767 umgaben Truppen die 6 Häuser der Jesuiten in dieser Stadt. Schlags Mitternacht stürmten sie heran, mit den Beamten der Gerechtigkeitspflege, von welchen letzteren Einer beim Superior bleiben, und ihn nicht aus den Augen verlieren sollte. Man weckte die Gemeinschaft auf, und stellte Wachen an alle Ausgänge. Als

Alle beisammen waren, verkündigte man ihnen die Befehle des Königs, und untersagte ihnen auf das strengste alle Gemeinschaft mit Auswärtigen. Joachim Navarro war Rektor des kaiserlichen Kollegiums. Als man ihn fragte, ob er sich den Befehlen des Königs unterwürfe, antwortete er: „Wir sind bereit, nicht nur die Landesverweisung, sondern noch weit größere Leiden, zum Beweise unserer Ehrerbietung und Unterwürfigkeit gegen den König zu ertragen.„ Die Wache selbst wurde durch diesen kühnen Muth niedergeschlagen. Die Ergebenheit der Schlachtopfer war überall dieselbe; nirgendwo auch nur ein Schatten eines Versuches zum Widerstande. Man hatte übrigens die erhabene Großmuth, den Jesuiten ihre Kleider und Gebetbücher zu lassen; alle andere Bücher und Schriften aber wurden ihnen abgenommen. Schon vorher waren Wägen bereitet worden. Man setzte die Religiosen hinein, und führte sie, unter starker Bedeckung, nach Karthagena. Niemand hatte vor 6 Uhr des Morgens etwas von der Landesverweisung der Ordensmänner gewußt, und um diese Stunde waren sie schon nicht mehr in der Hauptstadt. So rasch gieng dem Grafen Aranda die Sache von Statten.

Eben so verfuhr man in der ganzen Halbinsel; die Jesuiten wurden zur Nachtszeit ergriffen, auf Wägen geschichtet, und zum nächsten Hafen abgeführt. Alter, Ansehen, geleistete Dienste, wurden für Nichts geachtet. Unter diesen Landesverwiesenen befanden sich, Peter von Calatayud, ein durch seine Arbeiten in ganz Spanien bekannter Missionär, ein apostolischer Mann, der viele Andachtsbücher geschrieben hatte, und damals 78 Jahre alt war; Franz Xaver Idiaquez, aus den Herzogen von Granada, ein Mann von ausnehmender Gelehrsamkeit, und ein Freund der Wissenschaften; Joseph Pignatelli, aus den Grafen von Fuentes; Antonius Mourino, berühmt durch Gelehrsamkeit, Weisheit und Tugend, der das ganze Vertrauen des verstorbenen Königs Ferdinand VI genossen hatte, Gabriel Busemart, ein achtzigjähriger Greis; geschickte Professoren; Lehrer, die in der Pflege der Jugend ergraut waren; Theologen; Redner; erleuchtete Vorsteher; Alle traf dieses Gesetz ohne Ausnahme; Einer aus ihnen, Mathias Aimerich, aus der Diöcese von Gironne, unterhielt, (so erzählt einer dieser Verbannten), unsre Feinde, durch andächtige Gespräche, und ermahnte uns für den

König zu beten, was wir auch mehrmals und von ganzem Herzen thaten. Man hatte die Novizen sorgsam von den Professen abgesondert, um sie, wie man sagte, vor der Verführung zu bewahren. Aber Manche wollten lieber die Landesverwiesenen begleiten, als einen Orden verlassen, wo sie so hehre Beispiele der Tugend vor Augen hatten. Gonsalvo Adorno Hinojosa, ein Jüngling von 16 Jahren, aus einer edeln Familie aus Sarragossa, widerstand allen Zusprüchen, und schiffte sich mit den Vätern ein. Joseph von Silva, 17 Jahre alt, verbarg sich, und bestieg heimlich das Schiff, welches seine Lehrer abführte. Ein junger schwedischer Protestant, bekehrt durch den gelehrten Ituriaga, entsagte seinem Glücke, und seinem Vaterlande, um seinem geistlichen Vater nachzufolgen, und schiffte sich im Geheim nach Italien ein, wo er die heiligen Weihen empfieng. Solche Beispiele von Achtung und Ergebenheit sind siegreiche Beweise gegen die Beschuldigungen des Hasses.

In Spanien gab es 118 Häuser der Jesuiten, ohne jene in Amerika und Indien mitzurechnen. Auch diese wurden nicht verschont, und den Jesuiten widerfuhr daselbst, wiewohl etwas später, dieselbe Behandlung. Jene berühmten und blühenden Missionen wurden zerstört. In Paraguai, Californien verschwanden die Institute, wo die Jugend eine auf Religion gegründete Bildung erhielt. Man entzog den Indianern ihre Hirten, ihre Vorsteher, ihre Freunde, ihre Väter, ohne daß diese von ihrem Einflusse Gebrauch gemacht hätten, um sich gegen so ungerechte Behandlungen zu verwahren. Missionäre, die in Arbeiten ergraut waren; Viele, die des Glaubens wegen große Leiden ertragen hatten, unter andern Joseph Uriarto, wurden wie Verbrecher fortgeführt. Ignaz Chome, ein Flammänder, welcher seit 40 Jahren in diesen Missionen bei den Chirigunnen gearbeitet hatte, lag sterbend auf seinem Bette; man schleppte ihn ohne Erbarmen fort, und setzte ihn auf einen Wagen, um ihn aus dem Lande zu bringen; aber er starb, ehe er den Hafen erreichte. Gerade zu jener Zeit kamen in Paraguai Jesuiten an; man ließ sie nicht an's Land, und sie mußten, um sich in's Exil zu verfügen, von Neuem den Ocean durchschiffen, über den sie so eben mit ganz andern Aussichten gekommen waren. Man schätzt die ganze Zahl der spanischen Jesuiten auf 5000. Den 13ten Mai kam das erste Schiff mit 850 verbannten Jesuiten zu Civita Vecchia an. Ihre Ankunft überraschte den römischen Hof! Clemens der XIII hatte zu ihrer Vertheidigung dem Könige von Spanien einen Brief geschrieben, und hoffte diesen Fürsten noch besänftigen zu können. Indeß erboth sich die Republik von Genua, diese Unglücklichen in Corsika aufzunehmen. Sie segelten also dahin ab, nachdem sie 6 Monate auf dem Meere umhergeirrt waren; und im Drange der Noth sah man sie plötzlich ihre Arbeiten beginnen. Zu Ajaccio, gab man ihnen das bischöfliche Seminarium, welches verlassen war, zur Wohnung. Sogleich eröffnete daselbst der gelehrte Mourino eine Schule, wo Philosophie, Physik, Theologie und Mathematik gegeben wurden. Diese Ordensmänner versüßten durch Arbeiten ihre Verbannung. Zu Calvi hielt Idiaquez, der dort mit den Jesuiten aus Castilien einen Zufluchtsort gefunden hatte, die Todesfeier für den tugendhaften Dauphin von Frankreich, welcher im Jahre 1765 gestorben ist. Geschmackvolle Gedichte und Inschriften ersetzten die Pracht, welche Verbannte der Feierlichkeit nicht geben konnten; und der französische General, der die nach Corsika abgeschickten Truppen kommandirte, sandte einen Bericht an den Hof, in dem er den Eifer der fremden Jesuiten lobte. Die Verwendungen des Pabstes waren ohne allen Erfolg. Die Vorurtheile, die man dem Könige beigebracht hatte, waren viel zu groß, als daß man ihm mildere Gesinnungen hätte einflößen können. So rührend und väterlich auch das Schreiben, welches Clemens XIII. unterm 16ten April 1767 an ihn sandte, abgefaßt war, so erfolgte dennoch von Seiten des Königs, unterm 2ten Mai, nur eine kurze Antwort, die alle Hoffnung gänzlich niederschlug. Ja man machte sogar einen Bericht des Rathes von Castilien über dieses Breve des Pabstes öffentlich bekannt. In diesem Berichte wird gesagt: „Daß der Papst, indem er für die Jesuiten Fürbitte einlege, sich in eine Sache mische, die ihn nichts angehe; daß, wenn der König Seiner Heiligkeit die gegen die Jesuiten ergriffene Maßregel mitgetheilt hätte, dieses blos ein Zug der Höflichkeit gewesen sey; und daß das Breve vom 16ten April verdient hätte, zurückgeschickt zu werden!!" In Spanien war diese Art, dem heiligen Stuhle zu reden, ganz ungewöhnlich; auch war es eine höchst sonderbare Anmaßung, es als eine Höflichkeit wollen angesehen haben, wenn man den Pabst in die Nothwendigkeit versetzte, 5000 vertriebene Jesuiten in seine Staaten aufzunehmen. Doch der Graf von Aranda,

einer der vorzüglichsten Urheber der Vertreibung der Jesuiten, war
Vorsitzer in diesem Rathe. Eben dieser Rath erließ, unterm 16ten
September und unterm 21ten October 1767, zwei Befehle in Betreff der Jesuiten. Der erste verordnete, Alle diejenigen, welche sich
zu Rom hatten säkularisiren lassen, und dann aus Corsika nach Spanien zurückgekehrt waren, von Neuem in Verhaft zu nehmen und
bis an die Gränzen zu führen; würden sie ohne Erlaubniß von
Neuem zurückkehren, so sollten sie wie Staatsverbrecher behandelt
werden. In Gemäßheit der zweiten Verordnung, welche öffentlich
ausgerufen ward, sollte jeder Jesuit, der ohne Erlaubniß des
Königs, Spanien wieder beträte, als Verwiesener, wenn er die heiligen Weihen noch nicht empfangen hätte, mit dem Tode; im andern Falle aber, mit ewiger Gefängniß bestraft werden. Die, so zur
Rückkehre eines Jesuiten mitgewirkt hätten, sollten als öffentlicher
Ruhestörer behandelt, und Jedermann sollte als Mitwirker angesehen
werden, der von der Rückkehre eines Jesuiten unterrichtet, sie dem
Staate nicht angezeigt hätte. Wir enthalten uns aller Bemerkungen
über diese so sanfte und gnädige Gesetzgebung.

Indeß hatte der römische Hof lange gezögert, bis er die spanischen
Jesuiten aufnahm. Schon belästigt durch die portugisischen Jesuiten,
stand zu befürchten, er möchte eine noch weit zahlreichere Colonie
in einem Lande, welches bereits seit drei Jahren durch Mangel
gedrückt war, nicht unterhalten können. Ueberdieß sah er es mit
Recht als eine Beleidigung an, daß man ihn verbinden wollte,
diese Landesverwiesenen aufzunehmen. In der That, der Befehl,
den man mit übermüthigem Trotze der Jesuiten gegeben hatte, die
Staaten des Pabstes nicht zu verlassen, war eben so beleidigend für
den römischen Hof, als hart für die Jesuiten, welche in einem armen

Bisher hatte
Bannungsortes

vertreiben konnte, hatte das Recht nicht, einen fremden zu nöthigen
sie aufzunehmen. Dennoch entschloß sich der römische Hof, freilich
mehr aus Rücksicht gegen die frommen Landesverwiesenen, als gegen
jene trotzigen Verordnungen, die Jesuiten aufzunehmen, und vertheilte
sie in die verschiedenen Städte des Kirchenstaates, wo sie sogleich
sich bemüheten, nützlich zu werden, entweder durch Besorgung des

h. Dienstes, oder durch gelehrte Arbeiten. Es gab unter ihnen ausgezeichnete Theologen, Gelehrte und Litteratoren, die durch ihre
Schriften der Religion sowohl als den Wissenschaften Ehre machten.
Ihr Betragen im Kirchenstaate war die glänzendste Widerlegung
ihrer Feinde; durch ihre Frömmigkeit, Bescheidenheit, und Menschenliebe, erwarben sie sich die Achtung aller Einwohner. Man hörte
sie nicht murren gegen ihre Feinde, nicht klagen gegen die Härte
der Landesverweisung. Bis zu ihrer Vertreibung beschäftigten sie sich
mit den Interessen ihres Vaterlandes, und mit gelehrten Forschungen, die auf dessen Geschichte Bezug hatten. Viele von ihnen haben
sich sogar durch ihre Werke in ganz Europa berühmt gemacht, als
z. B. Johann Andres, Faustin Arevalo, Franz Gusta, Lorenz Hervas, Franz Joseph Isla, Johannes Franziscus Masdeu, Johann
von Osuna, Joseph Pons, Carl de la Serna Santander u. s. w.
Die französische Revolution enthüllte deutlich die Absichten der
Feinde des Staates und der Religion, und man konnte sich den
geheimen Zweck der Beförderer der Verbannung der Jesuiten nicht
mehr verbergen. Karl der IV. schien daher wenigstens zum Theile
Das, was sein Vater gethan hatte, wieder gut machen zu wollen.
Die Verbannung der Jesuiten dauerte 30 Jahre, und die Meisten
aus ihnen waren schon gestorben. Die, welche noch übrig blieben,
erhielten im Jahre 1799 die Erlaubniß, nach Spanien zurückzukehren. Fast alle bedienten sich dieser Erlaubniß; allein ihre Rückkehr
war unerträglich für ihre unversöhnlichen Feinde; die Gegenwart
dieser Greise war ein immerwährender Tadel gewisser in großem
Ansehen stehender Personen. Dazu kamen noch die Klagen einer
Partei, die seit 50 Jahren bemüht gewesen war, sich in Spanien
in geistlichen Dingen das Uebergewicht zu verschaffen. Die Jesuiten
wurden daher zum zweiten Male vertrieben, und man schien sie nur
darum zurückberufen zu haben, um sich das Vergnügen zu gewähren, sie zum zweiten Male zum Lande hinauszuführen. Man weiß,
daß sie auf die ehrenvollste Weise durch Ferdinand den VII zurückberufen wurden. Dieser Fürst gab den 29sten Mai 1813 ein Dekret,
worin er erklärt, daß er, um den Wünschen vieler Städte und
Provinzen nachzukommen, und nach einer gründlichen Prüfung aller
gegen die Jesuiten gerichteten Beschuldigungen, ihnen ihre Collegien,
Häuser und Missionen zurückgebe. Er sagt, daß ihre Aufhebung

nur durch Eiferſucht und Parteigeiſt bewirkt worden ſey; daß ſie keine andre Gegner hatten, als die Feinde des Staats und der Obrigkeit; und daß ſie, beſonders in Erziehung der Jugend, unſchätzbare Dienſte geleiſtet hätten. Dieſer königliche Beſchluß ward mit Freude in ganz Spanien aufgenommen. Mehrere Jeſuiten kamen aus Italien zurück, und begaben ſich wieder in einige ihrer ehemaligen Anſtalten. Im Anfange des Jahres 1817 hatten ſie ſchon 13 Häuſer. Auch hatten ſie Novizen. Den 19ten Mai 1816 wurden ſie mit großem Prachtaufwande in Mexico wieder eingeſetzt. Erſt vor Kurzem hat die neue Revolution dieſes glückliche Beginnen unterbrochen. Die Jeſuiten wurden, durch einen Beſchluß der Cortes, vom 14ten Auguſt 1820, von Neuem unterdrückt.

Dieß ſind die Unfälle, die ſeit 50 Jahren, eine durch ihre Tugenden und Verdienſte berühmte Körperſchaft in Spanien erlitten hat. Iſt ſie beſtimmt dieſem unglücklichen Lande auch hinfort noch nützlich zu ſeyn? Die Zukunft iſt mit zu dichtem Gewölbe verhüllt, als daß wir hierüber eine Muthmaßung wagen dürften.

INSTRUCTIO

Pro Decanis Diœceseos Herbipolensis Capitula visitantibus.

I. Dies Visitationis parochiarum ordine alphabetico positarum.

II. An Parochia, Curatia, Beneficium sint liberæ collationis vel juris patronatus?

Quis ultima vice in sæculo XVIII^{vo} jus patronatus vel collationis exercuerit?

Quænam instrumenta et probationes pro patronatu episcopali prostent?

III. An Parochia habeat Ecclesias filiales, et quænam earum nomina?

IV. An sit pura, an acatholicis mixta?

V. Numerus animarum et Communicantium
　　　a. in loco parochiali
　　　b. — — — filiali.

VI. Characteristica descriptio
　　A. Parochi, Curati, Beneficiati.

B. Sacellani, Cooperatoris.

C. Aliorumque Sacerdotum regularium in parochia existentium.

A. Parochi, Curati et Beneficiati descriptio characteristica complectatur :

a) Nomen Parochi, Curati, Beneficiati.

b) Quibus stationibus et quamdiu singulis sit Sacellanus aut Cooperator commoratus.

c) Quo die et anno ad Parochiam, Curatiam, Beneficium promotus fuerit ?

d) Tempus, a quo Parochiam, Curatiam, Beneficium administret?
- Si pluribus jam præfuerit, quamdiu singulis ?
Unde anni euræ et subsistentiæ cujusvis eruantur.

e) An sit vir et morum modestia, probitate, doctrina, pietateque insignis ?

f) Quomodo Parochus, Curatus officium pastorale gerant ?
Quomodo Beneficiatus satisfaciat suæ obligationi ? .

g) An a Parocho, Curato, Beneficiato confectum sit testamentum, quod exhibeatur, et quis sit testamentarius ?

h) Quale habeant famulitium, cujus status inquirendus, indicando sexum, ætatem, officium, affinitaten, cæterasque cujusvis famuli aut ancillæ, aut personarum vinculo consanguinitatis vel affinitatis cum iis conjunctarum, et convictorum conditiones.

B. In descriptione Sacellani aut Cooperatoris characteristica, allatis supra sub lit. a et b notatis, respiciendum est, ntrum eorum vitæ ratio respondeat vocationi clericali, nec ne ;

a) Utrum, quatenus homini id dijudicare sit concessum, non lege externa, sed interna persuasione de muneris sanctitate ducti, devotionalia pastoralesque functiones vera cum præparatione, et spiritu, non leviter aut mechanice persolvant ?

b) An moraliter religiosam populo ædificantem publicam trahant vitam ?

c) Utrum spiritum religionis Jesu precibus quotidianis, indefessaque sacræ scripturæ lectione, librorumque asceticorum usu, in se confortare et conservare studeant ?

d) Utrum sæpins sacramentali confessione sese studeant cum Deo reconciliare ?

e) Utrum studiis statui clericali consentaneis indefesse navent ?

f) Utrum in elaborandis concionibus et catechesibus, quæ Decano in scriptis ostendantur, sint solliciti ; utrum sint bene elaboratæ ?

g) Utrum in speciali libro decreta necessaria notaverint ?

h) An principia præ se ferant, doctrinæ constitutionique Ecclesiæ contraria ?

i) An, et qualem diei ordinem observent ?

k) Utrum otio indulgeant, tempusque vanis distractionibus terant ?

l) An semper, facta prius quo eant denuntiatione, exeant ?

m) Utrum frequenter noctu post cœnam exeant, salutationesque domesticas sacerdoti officioque pastorali non convenientes admittant ?

n) An in filialibus sese independentes a Parocho reddere, aut in ædibus parochialibus domesticum ministerium ad se trahere conentur ?

o) An si ultra tres dies a loco parochiali voluerint discedere, discessum prius Decano indicaverint ?

p) Utrum Parochum, cujus familiaritate utantur, debita cum veneratione tractent ?

q) Utrum ordinem domesticum inordinata vitæ ratione, varii generis ineptiis et morositate, insanis petitionibus ; seu rudi contra domesticos se gerendi modo turbent ?

r) An cauponas evitent, neque potui se se tradant, hacque ratione, aliave ipsis, neutiquam conveniente, aliis non sint offensioni ?

s) An conjunctiones conventusque alant, sacerdotali vocationi, et religioso moralique spiritui, quo debeant esse solummodo animati, repugnantes ?

t) An eorum vestitus, si in ecclesiasticis aut pastoralibus functionibus non sint constituti, sit modestus, sacerdoti conveniens, legibusque respondens ?

u) An tonsuram semper conservent ?

v) An in Ecclesia et extra Ecclesiam sacramenta administrantes, semper sint toga clericali induti ?

w) Generatim, utrum eam decentiam, modestiam, decoremque eum teneant, quem Ecclesia de suis ministris postulat ?

C. Characteristica sacerdotum regularium in locis parochialibus de sustentationis quota ipsis concessa viventium descriptio solummodo
- a) eorum nomina;
- b) corum moralem vitæ rationem, sique subsidiariorum vices gerant,
- c) quomodo satisfaciant suæ obligationi libere susceptæ, complectatur.

Notandum.

Si in descriptione cujusdam sacerdotis characteristica quid occurrat, moralitati aut ecclesiasticæ modestiæ contrarium, sollicite respiciendum, et in relatione adnotandum est, utrum et quoties frustra fuerit monitus.

VII. Ecclesiæ parochialis et filialis status,
- a) an sit optimæ, mediocris, an infimæ conditionis.
- b) Fundus.
- c) Debita retardata.
- d) Legata pia per anni decursum facta.
- e) Administratio.
- f) An ratiocinia singulis annis deponantur, et
- g) Utrum Parocho, Curato ad revisionem exhibeantur?
- h) Utrum magistratus civitatis, aut prætor cum delectis civium, missis Parocho, Curato, subin in adhibendis reditibus ecclesiasticis ad libitum disponant?
- i) Cui incumbat onus fabricæ, quibusque fundamentis id nitatur?
- k) An conservetur in Ecclesia lumen continuo ardens?
- l) An omnia, quæ ad cultum divinum, et sacramentorum usum spectant, sint optime asservata, et in ædificationem ordinata?
- m) Hierothecæ, ciborii, calicum, vasorum pro Ss. Oleis, baptisterii, aliorumque paramentorum qualitas et mundities.
- n) An eorum adsit inventarium?
- o) Status moralitatis ædituii ejusque solertia in perfungendis muniis ecclesiasticis.
- p) An cultus divinus et in Ecclesia parochiali et filiali ad Diœceseos normam celebretur?
- q) An leges ecclesiasticæ matrimonia clandestina attinentes singulis annis publice et in Ecclesia parochiali et filiali populo explicentur?
- r) Utrum doctrina christiana in Ecclesia parochiali et filiali ad

normam Catechismi diœcesani singulis diebus dominicis publice habenda saltem intra biennium absolvatur ?

s) An quoque Ecclesia thaumaturgica in parœciæ confinibus existat ? quænam instructio quoad miraculorum indicationem, affixionem tabularum pictarum, aut figuras ex metallo, ligno, cera, vel ex alia materia confectas observetur ?

t) An Cœmeterium sit mundum et clausum.

VIII. Domus parochialis. Qualis sit illius conditio ? Quis habeat onus fabricæ, quibusque fundamentis id nitatur ?

IX. Jura et bona parochialia ad fundationem et dotem parœciæ pertinentia examinenda sunt :

a) An in quieta bonorum juriumque possessione Parochus se conservet ? aut

b) An lis de his bonis obmota fuerit ?

c) A quonam tempore ? Coram quo judice ? Quis actor, quis reus sit ?

d) An documenta pro parte parochiæ adhibenda existant ?

e) Jura stolæ quoque adcurate ex observantia antiqua enumeranda, et perceptionis summa pro quovis actu liturgico edicenda est.

X. Repositura parochialis,

a) An sit bene ordinata ?

b) Utrum documenta parochialia, præcipue documentum fundationis vel originale vel in copia, Bulla circumscriptionis Diœcesium Bavaricarum, aliaque legaliter asservata, matriculæ exactissime consignatæ, decreta episcopalis Ordinariatus scripta in speciali libro juxta ordinem chronologicum contenta, decretaque impressa, in illa habeantur.

c) An adsit repositurae inventarium ?

XI. Scola parochialis et filialis.

a) Numerus scolarum in loco parochiali et filiali.

b) Ludimagistrorum nomina.

c) Eorum moralis vitæ ratio, an jnventuti bono præluceant exemplo ?

d) Quomodo gerant suum officium ?

e) Utrum omnia doctrinæ christianæ capita per anni decursum parvulis tradantur ?

f) Ludimagistri catechizandi ratio, an sit recta, nec ne ?

g) Utrum in scolis diebus dominicis habendis catecheses a Parocho habitæ repetantur, provectiorisque ætatis juventus ad novam præparetur ?

XII. An circa alumnorum clericorum in locis parochialibus aut filialibus tempore feriarum commorantium aut in illa advenientium mo-
res vitæque rationem et vestitum nil sit animadvertendum?

Neapel. Man erblickt in unserm Königreiche schon die tröſtli-
chen Folgen der Miſſionen, welche die geiſtliche Behörde allenthalben
veranſtaltet hat, ſowohl um das Volk zur Religion als zur bürgerli-
chen Ordnung zurückzuführen. Unter den verſchiedenen Diözeſen
zeichnet ſich beſonders iene von Severo aus. Joh. Camill Roſſi,
welcher dieſelbe ſeit dem J. 1818 verſieht, hat vorzügliche Beweiſe
ſeines frommen Eifers abgelegt. Selbſt der Intendant der Provinz,
Hr. Blaſius Zurlo, ſchrieb aus Foggio, unterm 1. April, dem Prälaten einen Glückwünſchungsbrief über die reichlich ſproſſenden Früchte;
derſelbe geſteht, daß die Stimme der Biſchöfe am meiſten vermag,
eine feſtgegründete Ordnung herbeizuführen, und daß die weltliche
Behörde die untrüglichſte Beihülfe an der geiſtlichen findet. Dieſer
Brief, nicht minder ehrenvoll für den Befehlshaber als für den Biſchof, liefert ein merkwürdiges Beiſpiel der ſchönen Eintracht, welche
aller Orten zwiſchen der geiſtlichen und weltlichen Obrigkeit herrſchen
ſollte, um den Zweck des zeitlichen und ewigen Menſchenwohles zu
erreichen.

Die Trappiſten aus Spanien, welche unlängſt in Toulouse angekommen ſind, um der Verfolgung zu entgehen, werden ſich in eines
ihrer Häuſer in Frankreich begeben; ſie beobachten pünktlich ihre Or-
densregeln und machen die Reiſe ohne andere, als die durch die Vorſehung ihnen zukommende Hülfe. Jedermann bewundert ihren heiligen Wandel.

Miſſionsnachrichten aus Cochinchina. In Nro. 827
des Ami de la Rel. et du Roi lieſt man folgenden Artikel: „Es
ſind uns über Bordeaux Nachrichten von den auswärtigen Miſſionen
zugekommen, welche Frankreich in den äußerſten Gegenden Aſiens
unterhält. Der Miſſionär Johann Taber, welcher im J. 1820 dahin gereiſet iſt, ſchreibt, daß er am 19. Mai 1821 daſelbſt angelangt

sey. Er traf da den apostolischen Vikar, Hrn. Labarette, Bischof von Veren, an, welcher, seines hohen Alters ungeachtet, noch eifrig arbeitet; allein sein Coadjutor, Joh. Jos. Audemar, Bischof von Adran, ist am 9. August 1821 gestorben. Dieser Prälat war aus der Gegend von Toulouse, und erlebte etwa das 62ste Jahr. 1820 hatte eine epidemische Krankheit vier inländische Priester weggerafft; Hr. Jarot, Priester aus der Diözese Besançon und Provikar, ist ein sechzigjähriger Greis von schwächlicher Gesundheit. Hr. Thomassin, ein junger Priester von Angers, befindet sich ebenfalls in mißlichen Gesundheitsumständen; von den vier Missionären, welche 1820 mit Hrn. Taber von Frankreich abgegangen waren, ist Einer wieder nach Paris zurückgekehrt; ein Anderer wurde nach Ton-king geschickt; ein Dritter erhielt den Ruf als Lehrer in einem Collegium. Mit Letzterem erlernte Hr. Taber vor Allem die Landessprache; und Jener brachte es bald so weit, daß er predigen und beichthören konnte. Der apost. Vikar wird ihn vermuthlich in Niedercochinchina geschickt haben, wo viele Christen und seit vielen Jahren keine europäische Priester mehr sind. Der König v. Cochinchina war schon vor mehr als einem Jahre gestorben, und hatte einen seiner Söhne von einem Kebsweibe für den Thron bestimmt. Von diesem verspricht man sich nicht viel Gutes, indem er den Europäern ziemlich abhold ist. Indeß wurde der apost. Vikar von allen Seiten um Missionäre ersucht; die Christen sind im ganzen Land umher zerstreut, welches die Mission außerordentlich mühsam macht. Der Bischof von Veren hat ungefähr zwölf Häuser für Klosterfrauen errichtet, welche ein sehr erbauliches Leben führen, und keine Gelübde ablegen.

Ein anderer Brief von Hrn. Baroudel, Prokurator der Missionen zu Macao, meldet die Ankunft der Hrn. Pécot und Imbert. Der Erste war für die Mission in Siam bestimmt, welche nur zwei Missionäre hat, den Bischof von Sozopolis und einen bejahrten Priester. Hr. Imbert, welcher sich zu Poul-Pinang aufgehalten hatte, war so eben bereit nach China abzureisen. Die Mission von Su-tchuan hatte im J. 1820 keine bedeutende Verfolgung gelitten; nur einige Verbannungsdekrete wurden vollführt. — Die Briefe, welchen wir die Auszüge entlehnt haben, sind vom Oktober 1821.

Schöne Handlungen.

1. Der Pfarrer Braun (so meldet die preußische Staatszeitung Nro. 78.) zu Trittenheim, unweit Trier, hatte 250 Rthlr. für rückständige Besoldung von seinen Pfarrgenossenen zu fordern; als diese ihm kürzlich ausbezahlt wurden, überließ er die ganze Summe dem Gemeinde-Rechner, um sie zu Kapital anzulegen, und die Zinsen zur Unterstützung der Hausarmen anzuwenden. —

2. Christoph Lämmermann von Zirndorf, Landgerichts Nürnberg, evangelisch-lutherischer Religion, und Vater eines Sohnes, erklärte den 14ten April 1822 bei'm Stadt-Magistrat zu Fürth Folgendes: „Das Glück begünstigte mich durch eine Erbschaft, die ich von der verstorbenen Beckers-Wittwe Besold erhielt, ohne jemals darauf rechnen zu können. Ich habe mich entschlossen etwas Gutes zu thun; und da ich in Erfahrung brachte, daß zur Erbauung einer katholischen Kirche in Fürth eine Kollekte angestellt wird, so übergebe ich zu dem Ende 25 Gulden mit der Bitte, sie nach Gutdünken zu verwenden." — Möchten diese Wohlthäter recht viele Nachfolger haben! Algsfrd.

Bei Tobias Löffler in Mannheim ist erschienen, und in allen guten Buchhandlungen zu haben:

Sambuga, J. A., Predigten auf Sonn- und Festtage, herausgegeben von K. Klein, gr. 8. 2 fl. 45 kr.

Sambuga, von dem der tiefreligiöse M. Sailer, K. Klein und Fr. Stapf bereits Mehreres mittheilten, was gute Aufnahme fand, erscheint hier wieder wie ein Geist aus dem Lande des Todes mit Worten des ewigen Lebens. Wer ihn bereits kennt, wird sich freuen, noch einige Kleinodien von ihm zu erhalten; wer ihn hier erst kennen lernt, wird sich zu einer solchen Bekanntschaft Glück wünschen, deßwegen scheint jedes Anpreisen überflüßig; wo die Sache selbst für sich spricht, sind Worte unnöthig. Und wie Viele unter denen der Selige lebte und wirkte, erinnern sich da noch mit einem gesegneten Eindruck auf ihr Herz.

Lightning Source UK Ltd.
Milton Keynes UK
UKHW051215030219
336548UK00005BA/165/P